U0467445

和孩子一起哲思

〔法〕弗雷德里克·勒诺瓦　著
Frédéric Lenoir

张香筠　译

*Philosopher
et méditer
avec les enfants*

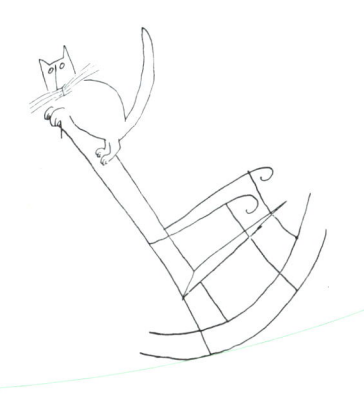

河北出版传媒集团
河北教育出版社

人在年轻的时候，应该向哲学敞开心扉，
到了年老的时候，应该继续钟情哲学。
为了灵魂的健康，
任何努力都不嫌过早也不嫌太晚。

—— 伊壁鸠鲁《致梅瑙凯的信》

前 言

"妈妈,我怎么等到七岁半才开始哲思呀!"在科西嘉岛上的布朗多小村里,朱利安刚刚上过第一次哲学班,放学回到了家。

本书讲述的是我这些年与几百个小学生进行哲学班尝试的经验,这些孩子来自不同的法语国家或地区,包括巴黎、蒙特利尔、莫林比克、阿比让、佩泽纳、日内瓦、穆昂萨尔图、布朗多、丰特奈丛林以及皮特尔角城等。

孩子们有一种特殊的才能,他们会向世界提问,会向自己提问,会惊叹,会思索,会分析——总之,会哲思。正如哲学家蒙田所说,我们应该尽早给孩子们塑造一个"健康"的头脑,而不是一个"填满"的头脑。孩子们用不着去背概念,但可以学着依照规则辩论,培养批判精神,去感知,并且通过自己的理性思维,而不是通过某种信仰或人云亦云,来形成个人的观点。因此,我长时间以来一直认为,不应该到高三才开哲学课,而应该在小学。但是,小学的哲学课早就存在了,尽管很少,但已经有三十多年了,只是我却一无所知!

我的经验是从2015年6月开始的,起因是在日内瓦遇到了卡特琳娜·菲尔梅尼施——"发现小学"的创办者、校长。我在做讲座的时候提到了这个让我念念不忘的问题，讲座结束后，卡特琳娜过来对我说："我们在做呢！我们这几年给四岁到十一岁的孩子开设了哲学班。"我非常激动，立刻答应暑假后一开学就来参加。这样，我就参加了一次七到八岁孩子的哲学班，是由他们的老师贝尔纳岱特·莱蒙主持。贝尔纳岱特老师和学校的其他老师都使用李普曼（Lipman）方法，即美国哲学家李普曼在20世纪70年代开发儿童哲学班时启用的方法，后来在法语国家得到推广，尤其是由蒙特利尔的拉瓦尔大学教授米歇尔·萨斯维尔（Michel Sasseville）发展了这套方法：主要就是从一篇短文入手，让孩子们思考和辩论。萨斯维尔教授曾专程来这所学校给教师做培训。我在场的这一天，孩子们读的是海伦·凯勒的故事，他们选读的段落讲述的正是海伦因病失明并且成为聋哑人之后认为自己没有用。"她为什么觉得自己没有用？"贝尔纳岱特老师问孩子们。孩子们踊跃发言，且非常有序，每个孩子都举手等老师点名，他们很有观点，争论热烈。我被深深地感动了。我想象中的事情不仅是存在的，而且进行得很好。

我只是不认为必须从阅读短文入手，难道不能直接像苏格拉底一样提问吗，比如"有用是什么意思？"。于是，我决定尝试由我自己来主持儿童哲学班，直接让孩子们就一些重要的哲学命题进行辩论，例如关于幸福、爱、共存、生命的意义、死亡、情感、正义，等等。

两个月中，我联系了法国、瑞士和比利时的一些小学教师或小学校长，开始了我的旅行，结识了不少小哲学家。我也前往瓜德罗普[1]、加拿大和科特迪瓦，去感受法语世界的不同文化。2016年1月至6月，我把全部时间都用在组织哲学班上，在十所小学的十八个班办了五十多次哲学班。我总共接触了四百多个孩子，其中一部分孩子我见了三四次（在莫林比克、日内瓦、佩泽纳、巴黎、布朗多和穆昂萨尔图），得以对孩子们的变化进行观察。

在这一系列哲学班刚开启时，我便有了一个新想法。我的朋友雅克·德·库隆是我20世纪80年代初在瑞士弗里堡大学学哲学时的同学，他长期以来一直是弗里堡一所初中的校长，二十多年前就开始在他的学校里搞另一种尝试，也就是让初中的孩子练习冥想。雅克告诉我，这种练习给学生的生活带来了很大的改变，也给老师们带来了很多的便利！这里的冥想是一种对注意力进行的非宗教的训练，使得青少年平静思绪，从而在课堂上更为专心和集中注意力。

我这三十多年来也一直在练习这种"全身心冥想"，于是决定在每次哲学班之前进行很短的冥想训练，目的是培养孩子的感知能力，让他们学着不被自己的情绪牵制，学会感受当下。

这些哲学班的效果超出了我的预期。我后文将具体说明，孩子们对这项练习都非常喜欢。在两三次课堂冥想之后，大部分孩子都会自觉地在家里练习，常常是在自己生气的时候，借此使自己平静下来。好几位老师看到这样训练注意力很有效，决定继续每天练习，有的则是在感觉到学生比较烦躁的时候进行练习。

---

1 瓜德罗普是法国海外省，位于加勒比海。——编者注

孩子们喜欢哲学班的原因很多。首先，因为在这里他们可以自由地表达自己的想法，不用记和背，也没有分数的压力。因此，有些老师告诉我，正是在哲学班里，他们发现在其他课堂上从不发言的孩子，其实很有想法。同时，也有孩子平时上课表现很出色，却很难表达出个人的看法，或是拿不出论据来支持自己的观点。另外，孩子们很喜欢讨论人生哲学的重要问题，例如幸福、生命和死亡、感情和情绪、自己和他人的关系，等等。他们平时很少有机会谈这类话题，并表达自己的想法。他们很快就明白，争论现成的说法和信仰没有意义，关键是要形成一种自己的思考，这就需要倾听别人，寻找有利于大家共同进步的论点。

这样我就有了写本书的念头，给更多教育工作者和家长介绍冥想和哲学讨论的好处。其实，对注意力的训练不一定必须在学校进行，完全可以在家庭环境中练习。很多孩子告诉我，他们不仅经常在自己卧室里做冥想，还教会了自己的父母！哲学班的经验，他们也在家里传播，几个孩子一起从一个问题或是一篇短文入手，进行思考和讨论。

本书就是给读者推荐一种组织哲学讨论的方法。考虑到有些教育工作者没有受过哲学方面的训练，本书列出了许多具体范例，都与经常探讨的主要概念有关，能够帮助大家学会如何在不发表个人见解的前提下，掌握孩子们的思路和论据，时时以他们的讨论为基础，来主持哲学讨论班。在本书第四部分，附上了十九个实用笔记备忘录，每个笔记围绕一个哲学概念，以方便主持讨论的老师提问和促进孩子之间的辩论。

本着同一种教学思路，我也对现场冥想的原则进行了解释，本书还配置了音频，用来辅助孩子和老师练习冥想。冥想既可独自练习，也可集体练习，时间或长或短，音乐可配可不配。

　　世界各地的教育体系都在经历着某种变革，人们越来越注重培养孩子的创造力、情商、批判精神和公民责任感。我很高兴能够在这种潮流中贡献自己的一份力量。因为我深信，世界的未来，尤其是与蒙昧和极端情绪的斗争，必须从孩子的教育开始抓起。也就是说，要开发孩子的智力，提高他们的认知水平，加强他们对情绪的支配，让他们保持清醒的头脑，从而达到内心的真正自由与平静。

目 录

一、冥想与注意力训练 ———— 001

从佛教冥想到意念集中 / 003

冥想如何操作？ / 005

与孩子一起训练注意力 / 006

孩子和老师们怎么说？ / 007

录音引导冥想 / 011

二、哲思与理性开发 ———— 013

多大可以哲思？ / 015

与孩子谈哲学：缘起与现状 / 020

基本规则与十项建议 / 022

反馈意见 / 028

三、哲学班的讨论 —————— 033

幸福是什么？/ 037

情绪是什么？/ 048

爱是什么？/ 060

朋友是什么？/ 073

人和动物一样吗？/ 078

对付暴力必须使用暴力吗？/ 084

生死有命还是长生不老？/ 099

生命有没有一种意义？/ 105

什么是成功的人生？/ 113

四、十九个可以和孩子讨论的哲学问题 — 127

爱 / 130

金钱 / 133

艺术 / 136

他人 / 139

美 / 142

幸福 / 145

形体与精神 / 148

欲望 / 151

义务 / 154

情绪 / 157

人 / 160

自由 / 163

道德 / 166

死亡 / 169

社会 / 172

时间 / 175

工作 / 178

真理 / 181

暴力 / 184

尾　声　——————— 187

一、冥想与注意力训练

从佛教冥想到意念集中 / 003
冥想如何操作？ / 005
与孩子一起训练注意力 / 006
孩子和老师们对此的看法 / 007
录音引导冥想 / 011

> 孩子们越来越难以集中注意力。根据某些专项研究，儿童集中注意力的时间很少能超过八秒钟，因而通过冥想来训练注意力，对他们来说是很有益处的。

从佛教冥想到意念集中

佛教传统中，冥想练习是一种解放内心的必经之路。我们可以大致分两个完全不同的阶段：第一个是巴利语[1]所称的"奢摩他"，就是达到心静，让精神活动平静下来，排除杂念；第二个是巴利语的"毗婆舍那"，就是通过意念，通过内观练习，把精神解脱出来，产生悲悯。如果冥想者进入了精神训练，这两个阶段常常同时出现。不过我们完全可以把两个阶段分开，只把冥想当作使情绪及其他精神活动得以平静的方法。我们的目的不是达到彻底的解脱，而是静下心来，使注意力集中。其实西方近三十年来已经把佛教冥想变成了"世俗化"的冥想。

---

[1] 巴利语是古代印度的一种通用俗语，属于印欧语系印度语族中的中古印度-雅利安语，与梵语十分相近。——编者注

最早在西方推行此类冥想的是弗朗西斯科·瓦雷拉（Francisco Varela）和荣·卡巴特-津（Jon Kabat-Zinn）。他们二位在20世纪70年代结识了一些禅师和僧人，了解到对于生活节奏过快的现代人，在无法缓解压力、平静心志的情况下，某种"非宗教"的冥想练习会起到重要的作用。我在20世纪90年代认识了弗朗西斯科·瓦雷拉。当时我正在完成关于佛教在西方发展的博士论文，而他是毕业于哈佛大学的智利籍神经生物学家，就职于法国国家科研中心，且是法国最大的皮蒂埃-萨尔贝特里埃尔医院认知神经科学及神经成像实验室的主任。他是佛教冥想者，于1987年创建了"精神与生命学院"，组织佛教僧人与高级科研人员会面，探讨精神与感知的问题。他是第一个用神经成像来观察冥想者大脑的科学家，2001年他去世以后，世界各地仍有不少科学家继续这方面的研究，其中包括法国科学家安托万·吕茨（Antoine Lutz）。安托万·吕茨跟随瓦雷拉完成了感知方面的博士论文，之后便投入神经科学对冥想的研究中。他现在是法国国家卫生及医学研究院里昂分院的研究员，同时兼任美国威斯康星大学研究员，他发表了多篇论文，用于研究冥想对大脑产生的影响。在他的研究跟踪对象中就有著名的法国佛教僧人马修·理查德（Matthieu Ricard）。瓦雷拉的观察已经显示，冥想能够帮助冥想者控制注意力，集中精神，并有助于调节情绪，有助于脑部不同区域的协调运行。

也有很多医生，特别是精神科医生，对冥想在生理和心理健康方面的影响很感兴趣。如今已证实，定期练习冥想对缓解焦虑症和抑郁症都颇具成效。因此，美国医生荣·卡巴特-津，从20世纪

70年代末期就开始研究冥想的第一阶段（以身心专注来平静精神活动）对压力与焦虑产生的影响。他把冥想叫作 mindfulness，这里指的不是有意识，而是专注——此时此地，全身心地专注于自己的呼吸和身体的感觉。这就是我为什么愿意把冥想称作"注意力训练"或"身心专注训练"。哲学家法布里斯·米达尔（Fabrice Midal）创办了"西方冥想学校"，他也同意我的看法。1979年，荣·卡巴特-津发明了一种用身心专注训练来减轻压力的方法：MBSR（Maindfulness Based Stress Reduction）。随后他培训了成千上万的人来传播这种方法，其中包括法国著名精神科医生克里斯多夫·安德雷（Christophe André），他在圣安娜精神病院成功地训练了很多病人，后来他写了一本书《每天冥想》，成为畅销书。

冥想如何操作？

这种训练的原理非常简单，就是不期待任何事物，在此时此地只是专注于自己的身体。冥想时，最好是采取坐姿，后背挺直，双手置于膝盖部位，手掌可开可闭。闭上眼睛，或者半睁着看着眼前的地面，然后把注意力集中在呼吸上，感觉自己腹部和肺部的运动。不必故意去控制大脑的思想，可以观察自己的思绪，不要多想，不要故意回忆，尽量回到对呼吸和身体感觉的注意方面。从这个角度看，专注训练也借鉴了**维托兹方法**（我少年时期曾练习过），也就是通过感官的体验来训练注意力。为了避免不停地被各种思绪牵引，我们就会对手感、气味、声音，以及看到和尝到的东西更为注意。如此专注于身体就可以让精神平静下来。

与孩子一起训练注意力

辅助教育者、家长和教师都知道孩子们越来越难以集中注意力。根据某些专项研究，儿童集中注意力的时间很少能超过八秒钟。因而通过冥想来训练注意力对他们来说是很有益处的。十五年来，不少学前班和小学的孩子都尝试过类似的练习。最出名的是荷兰治疗师、培训者艾琳娜·斯奈尔（Eline Snel）的试验。她从二十多年前就已经开始向儿童和青少年教授全身心集中冥想，也写了多本适合不同年龄孩子训练的教材，并且荷兰教育部免费向所有的小学教师提供这方面的培训。她写的《如青蛙一样平静和专心》一书在全世界引起很大反响，2012年被译成法文，在法国售出十二万本，使得这种练习广为流传。艾琳娜·斯奈尔也亲自在荷兰、法国、比利时、西班牙，甚至去中国香港开课培训。她主张在全身心专注冥想时，让孩子们把手放在腹部，感觉自己的呼吸，这不失为一个好办法，但我更倾向于让每个孩子自己选择双手的放置处，找到更适合每个人的姿势。

在法国的小学，冥想练习推广得较慢，但仍感谢某些民间机构把不少专业人士组织在一起。如洛朗丝·德·加斯帕黎（Laurence de Gaspary）在2012年成立的"孩子与注意力"协会，集中了许多专业人士，使用荣·卡巴特-津推出的MBSR方法，专门对儿童和青少年进行训练。

孩子和老师们怎么说？

当我决定在哲学班开始进行注意力训练的时候，我首先向每个班的孩子提问，看看他们是不是对冥想已经有所了解。答案是平均每个班都有两到五个孩子听说过冥想。有的比较明白，有的只有个大概感觉。以下记录了孩子们的发言：

梅尔（九岁）：这可以让人休息，什么都不想。

查理（九岁）： 让人"清空精神"。

罗宾（十一岁，已经跟爸爸练习过）： 如果人很烦的时候，这样可以清空情绪，把情绪表设在零点。

克拉拉（九岁）： 就是一种让人平静的办法，寻找心静的办法。

乌阿利（七岁）： 就是放松的练习。

玛鲁阿（八岁）： 可以让人有禅意。

佩尼埃（九岁）： 让人集中精神，不被打扰。

多纳特拉（十岁）： 学会专心。

玛丽（九岁）： 就是有时间想事情。

露伊斯（十岁）： 要呼吸，想某件事……实际上是什么都不想！

玛里于斯（九岁）： 就像是一种抗压力的药。

恩佐（十岁）： 你坐下，集中注意力，然后冥想。

特克桑娜（九岁）： 冥想就是忘掉一切。

诺埃米（十岁）： 就是说你的身体睡着了，但你还醒着。

佩纳洛普（九岁）： 是让人更好地学习。

艾娃（十岁）： 是让人平静下来，放松。

对冥想略有所闻的大部分孩子都认为，冥想是东方的那种"清空精神"的办法，让人放松、集中，得到平静。只有两个孩子提到了西方冥想的"想某件事情"的这层意思，其中的一个还很快改口："实际上是什么都不想！"也就是说，由于家庭或者大环境的影响，孩子们都了解到冥想是获得内心平静的一种对注意力的训练。

于是，每次哲学课的开头，我让孩子们在各自的椅子上坐直，把脚放在地上，不要跷腿，双手放在桌上或者膝盖上，闭上眼睛，注意呼吸，不去在意思绪。头几次就做两三分钟。我发现绝大多数孩子都能认真练习，不睁开眼睛，但总会有几个躁动的孩子没法做练习。坚持做了几次之后，那几个躁动的孩子也基本可以安静地练习到结束。后来我就把练习时间延长到五分钟。有的老师告诉我，孩子们在别的课堂上也专门要求老师做冥想练习。佩泽纳镇的普莱维尔公立小学教师索菲·梅尔就这样说："**我在课堂之间或是课堂开始的时候，如果发现孩子们闹得厉害，集中不起来，就用过多次冥想的办法。这样注意一下自己的呼吸，就能让他们改变态度，平静下来，精力集中起来。我们还就此讨论了各自静心的方法，懂得每个人都可能烦躁、疲劳，但我们可以努力使自己脱离这种状态。有些孩子很喜欢这个练习，也经常在家做。**"

这最后一点让我很感动。学年结束的时候，我问孩子们在家是否也做冥想练习，使我惊讶的是大概三分之二的孩子都说在家也做。"为什么？"我问他们。他们这么回答：

维奥莱特（九岁）： 我想训小妹妹的时候，就这样让自己消气。我对自己说："我得做做冥想，想想自己该做什么，小妹妹也许不明白。"

卡斯蒂拉（九岁）： 这样我可以忘掉烦心的事儿以及让我紧张的事儿。

让娜（九岁）： 比方说，我们课间休息回到教室的时候，一般都特兴奋，做冥想练习就挺好，可以放松身体，还能控制情绪……有时候，学会什么都不想是很有用的。

克拉丽丝（十岁）： 对我来说，我生气的时候这个特有用。我做这个，然后就能控制自己不摔东西。

爱德华（九岁）：   我呀，这能让我睡着，就是说，我做着冥想就睡着了。

赫克托（九岁）：   有时候我做功课的时候还想着别的事，这就能让我不想别的，专心学习。

维克多利亚（十岁）：这能让我专心。我想专心做功课的时候，就做冥想。

露希尔（九岁）：   这能让我控制情绪，让我放松、平静。

阿尔图尔（十岁）： 我停止想事，集中注意力，我尽量让自己放松，不那么在乎别的事情。

娜塔莉·卡斯塔在科西嘉小村庄布朗多的小学教四、五年级，她这样解释训练注意力给孩子们带来的影响："冥想带来了平静——身体和头脑的平静。"

我每次上哲学课之前，还有在学生比较兴奋、比较闹腾和烦躁的时候，比如午饭之后或是课间休息之后，都会做冥想练习。

这是一种有效的办法，能让孩子们很快地平静下来，比老师的训斥和惩罚好得多，因为严厉手段带来的平静是非常表面的。当孩子们专注于他们的身体和他们的呼吸时，就达到了一种真正的内心的平静，他们很喜欢做这个练习。

录音引导冥想

我在本书中附上了录音来帮助孩子训练,是我的声音来辅导这个练习,就像我现场指导一样。不管是集体练习(在学校或是家庭范围),还是个人练习,冥想都是一样的,只不过我有时称呼"你",有时说"你们"。还有就是时间长短不一样:一版为短版,五分钟;另一版为长版,十分钟。音频也提供背景音乐,可以帮助一些孩子或大人抛开思绪。我请我的朋友——艺名为Logos的作曲家斯特凡·斯卡尔德(Stephen Sicard)专门创作了四种伴奏音乐,可供不同需要的冥想练习[单独练习(短版或长版);集体练习(短版或长版)]。音频可能只是在最开始的几次比较必要,一旦掌握了练习方法,就不必使用音频辅助冥想练习。

(扫码聆听冥想音频)

二、哲思与理性开发

多大可以哲思？ / 015

与孩子谈哲学：缘起与现状 / 020

基本规则与十项建议 / 022

反馈意见 / 028

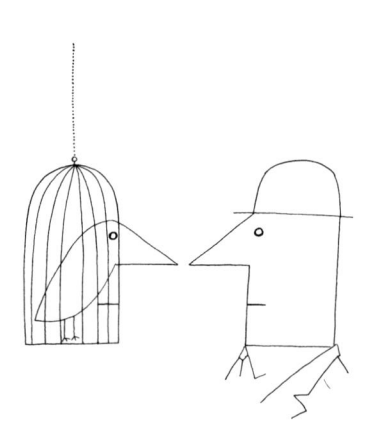

> 我们也可以像苏格拉底一样,把哲学当成一种思考的方式,目的是开发理性,丰富思想。这里说的不是获取知识,而是学会思想。这样的情况下,多大年纪都可以开始!

多大可以哲思?

多大年纪可以哲思?我问过很多哲学家和哲学老师,他们绝大多数认为要等到心智成熟而且学会一部分基本概念之后才能哲思。亚里士多德曾说过,四十五岁之前很难成为哲学家!其实,关键要看我们所说的"哲学"是什么。

如果是指对一些古典哲学家所提出的概念进行思辨,那么确实要等到能够阅读那些不免艰涩的文章以后,因此法国的学校只在高三才开设哲学课。但是,我们也可以像苏格拉底一样,**把哲学当成一种思考的方式,目的是开发理性,丰富思想。这里说的不是获取知识,而是学会思想。**这样的情况下,多大年纪都可以开始!蒙田就在他的《随笔》第一册第二十六章说:"孩子是可以哲思的,断奶之后就可以,这比学习读书写字更好。"伊壁鸠鲁也这么认为,他在《致梅瑙凯的信》中写道:"人在年轻的时候,应该向哲学敞开心扉,到了年老的时候，应该继续钟情哲学。这是因为，为了灵魂的健康，任何努力都不嫌过早也不嫌太晚。"

也就是在这个意义上，我们可以谈谈针对孩子设计的"哲学班"。哲学班不是给他们传授知识（那是高三的课程），而是帮他们逐渐开发一种个人的思想，一种质疑精神，一种超越信仰和现成观点的思考能力。而且，在哲学班这种场合，孩子也会学习倾听别人，与别人对话、说理。

我主持的哲学班中，最小的是幼儿园大班四到五岁的孩子，最大的到小学五年级，九到十一岁的孩子。我很快发现，**孩子的思考能力在六到七岁之前和之后有一个质的改变**。瑞士心理学家和认识论专家让·皮亚杰（Jean Piaget）曾在两次世界大战之间出版多部关于儿童思维发展的著作，把这个过渡年龄称为"懂事年龄"。皮亚杰的理论认为人的智力从婴儿期到成人，是线性发展、分台阶的，这其中有些方面是值得推敲的。但我承认，给六七岁以上的孩子开哲学班要容易得多。在这个年龄，我看到他们不仅会表达他们的感觉，还能够用抽象的方式来论证。比如说，谈到幸福这个话题，幼儿园的孩子只能说出一些让他们高兴的具体事情：爱爸爸妈妈，和小伙伴玩耍，吃冰激凌，等等。而小学一、二年级的六七岁孩子则可以说出这样的话："幸福，就是我们的欲望实现了。"甚至可以继续深入讨论"欲望"这个概念，欲望也可以成为不幸福的根源（见后文有关幸福的讨论）。

卡特琳娜·戈根（Catherine Gueguen）医生在她的著作《幸福的童年：用对大脑的最新研究结果来探讨教育》一书中指出，近年来在大脑发育领域的研究显示，儿童的大脑在五到七岁之间生成的神经元数量及其之间的连接激增，促进大脑的额叶和颞叶的发育，在认知功能和情感调节方面非常关键。因此到了六七岁的时候，孩子就比之前更能管理自己的情感并开始抽象思维。"懂事年龄"可以看作两层意思：一方面孩子在情绪表现上比较"懂事"，另一方面确实能够弄懂一些事情。

有些幼教工作者已经在幼儿园进行哲学班的尝试，他们说四五岁的孩子有时也是会思考的，这一点不容置疑。首先，因为三到五岁之间的孩子对精神层面是有疑问的，他们对上帝、对生命的意义和死亡等问题都会思考。不过这种思考，这种不解，还不能使他们找到问题的线索然后去寻找答案。另外，儿童生长的情感环境和社会环境可能对儿童的大脑发育产生积极或消极的影响，所以我们在每个班级都会发现有的孩子比别的孩子心智成熟得多。还有，有的孩子有时会说出一句"妙语"，很有深度，让人以为是塞涅卡[1]或是孔子的名言！不过，一般情况下，孩子并不会解释他的话，而且下一次课的时候也不一定还说得出同样的话。但是，如果是一个年龄再大一点儿的孩子，他就能够解释自己的想法，之后还可以换一种说法，可能说得更清楚。

那么是不是没必要跟幼儿园的孩子讲哲学呢？当然不是的。只是不要期望孩子第一次上哲学班就能学会真正的思辨。时间会帮助

---

[1] 塞涅卡（Lucius Annaeus Seneca，约公元前4年—65年），古罗马政治家、斯多葛学派哲学家、悲剧作家、雄辩家。——编者注

他。我建议大家都去看看纪录片《仅仅是开始—幼儿园—今天上午是哲学班》。纪录片的导演在两年中跟踪了梅埃苏尔塞纳小镇的普雷维尔幼儿园的哲学班。影片非常感人,充满诗意,展示出这个班级的孩子对爱、情绪、尊重他人等问题的集体思考是如何逐渐发展的。

在幼儿园开哲学班的另一个好处是可以教会孩子怎样倾听别人,怎样有建设性地交流看法。我在日内瓦第一次开哲学班的时候就注意到,已经在幼儿园跟老师讨论过此类问题的孩子很懂规矩,也就是说他们知道自由地发言,认真地听别人发言,然后表达自己同意或不同意,记录如下:

本人: 你们已经跟老师上过小型哲学班吗?

所有孩子: 对。

本人: 这么说你们知道哲学是什么?

所有孩子: 是的。

本人: 谁能给我讲讲呢?

维尔弗雷德: 就是说话的事情。

露西: 就是我们有个话题。

艾玛: 就是讨论。

本人: 什么都讨论吗?

艾玛: 不对。

本人: 那讨论什么?

艾玛: 一件事情。

本　　人： 哲学就是讨论一件事情，对吗？

很多孩子： 对，一个话题，我们讨论生气的事情或者别的事情。

本　　人： 是不是大家同时说？

所有孩子： 不是，要先举手，老师允许了，就可以说。

本　　人： 你们听不听别人说的？

所有孩子： 听，也看着他们。

一个孩子： 要是同意的话，就看着他的眼睛。

本　　人： 那要是不同意呢？

一个孩子： 那就不看他。

另一个孩子： 我们不看他。

本　　人： 好，你们听别人说话，然后，有时候，你们会不会听了别人的话自己想法就变了？

所有孩子： 会。

本　　人： 你们是不是每个人的想法都一样？

一个孩子： 不是。

很多孩子： 有时候。

萨　　米： 对，有时候一样。

与孩子谈哲学：缘起与现状

第一位主张与孩子讲哲学并在20世纪70年代总结出一种方法的哲学家是美国人李普曼。李普曼的基本想法就是要形成一个"研究共同体"，拿一篇文章，提出若干个哲学问题，让一群孩子一起来思考。他写了几十部哲学小说，作为讨论的基础。孩子们朗读一段他们可以读懂的文章，找出其中的问题，然后一起讨论，由一名老师主持讨论。老师的作用是帮助他们丰富思考的内容，而不是传授知识。李普曼于2010年去世，他生前一直没有脱离儿童哲学研究中心（IAPC）的工作，他推出的方法已经推广至魁北克[1]，其中拉瓦尔大学的研究员萨斯维尔将李普曼的学说进一步深化，在法语世界广泛传播。

十五年来，与儿童谈哲学的做法也在法国有所发展。大部分法国教育专家并不照搬李普曼的方法，但不少人还是采取了以朗读文章的方式引导哲学班讨论的办法，他们选用的文章一般是儿童文学作品。比较有名的是AGSAS儿童哲学工作坊（Les Ateliers de Philosophie AGSAS）的做法，这是1996年由精神分析学家雅克·勒维纳（Jacques Levine）和小学教师阿涅斯·波塔尔（Agnès Pautard）开始的。他们提出一个主题词，以传递发言棒的方式让孩子们自由发言，老师则不参与讨论。接着由米歇尔·托兹（Michel Tozzi）于

---

[1] 魁北克省为加拿大的一级行政单位，加拿大面积第一大省，官方语言为法语。——编者注

1998年在蒙彼利埃[1]大学创立了一个专门研究这一课题的中心。这一方法是由阿兰·德尔索（Alain Delsol）和希尔文·科纳克（Sylvain Connac）起头的，后来在克雷泰尔教师培训学院由让-夏尔乐·佩蒂埃（Jean-Charles Pettier）进一步开发，还在《青苹果》杂志上发表了一系列哲学班实用指导文章。这种方法重视两个关键环节：民主的讨论氛围，即由学生分担不同角色（主持人、重述者、总结者、提问者和观察者）；另外一个是教师的核心作用，通过某些特定的发言（对一些概念进行解释，分辨不同意义等）来组织和引导集体讨论。还有一种是奥斯卡·布莱尼菲（Oscar Brenifier）的方法，依照苏格拉底式的启发引导来促进表达。这一方法得到实用哲学学院（IPP）和伊莎贝尔·米永（Isabelle Million）的传播，主要在公众中（学校、图书馆、监狱等）推广哲学实践。

　　这几种方法都注重让儿童开发个人思考能力，学会与别人讨论。AGSAS组织的哲学班更强调让孩子认识到他的想法是自己找出来的，托兹的方法则更偏重孩子之间的民主探讨。不同方法对老师的作用不同，也对氛围的设想和开头的方式都有不同的规定。李普曼使用自己写的小说，勒维纳选用一个关键词，托兹喜欢用柏拉图的神话。艾德维兹·西鲁特（Edwige Chirouter）也总是以故事起头。她是南戴尔大学副教授、教育学博士，从十几年前开始按照托兹的方法办哲学班，并且跟随托兹完成了博士论文。她是卢梭研究专家，尤其关注哲学和文学之间的关系。目前受联合国教科文组织的委托，

1　蒙彼利埃是法国埃罗省的省会。——编者注

她正在负责一个特别项目，协调推广儿童哲学训练。这一项目于2016年11月18日在教科文组织的巴黎总部正式启动。可喜可贺！

基本规则与十项建议

现有的不同方法显示出研究的丰富多彩，很难说出哪一种比别的更好。当我最开始办儿童哲学班的时候，并没有读过这方面的书，我的观点是全新的。我一直凭着直觉和体验来继续，使用的是一种非常自然的方法，可以说是苏格拉底式的引导：先找出一个问题，然后提出一系列表面很天真的问题，听孩子们回答，想办法让孩子们尽量确切地说出细微之处，发现自己思考中的矛盾。以下篇幅将展示十几个具体例子，即就幸福、情感、生命的意义、尊重他人等话题提出的问题。我将提出十项建议，完全来自我从儿童哲学班得来的经验。其中包括对孩子的要求，希望能够帮助主持哲学班的同仁。

第一项建议：场地的布置要便于孩子讨论

为了便于孩子之间的讨论，最好让他们围着坐。这样他们对话时能够看到对方。而且，主持人可以坐在孩子之间，而不是像讲课一样在最前面。不过有的教室桌椅无法移动，使得这种布置难以实现。这就需要主持人向孩子解释清楚，现在不是上课，而且要强调让说话的孩子看着与自己讨论的对手。

第二项建议：询问孩子对哲学的看法

了解孩子对哲学的已有认识是非常必要的。在第一次哲学班上就可以提问："你们知道什么是哲学吗？哲学有什么用？"以下是几个回答的例子：

路易（八岁）： 就是喜欢思考。

尼农（九岁）： 就是思考怎么能让生命更好。

格沙（八岁）： 就是更好地学会生活。

露伊斯（九岁）： 就是能推着我们思考的东西。

亚当（九岁）： 就是找到一些想法，让世界更好。

伊诺阿（十岁）： 就是想着生命的意思。

埃利亚（九岁）： 就是很多人讲他们的想法，哪怕跟别人的想法没什么不一样也要讲，大家都听着。

若斯琳(十岁)： 就是根据别人的想法改变自己的。

朱利安(七岁)： 就是谈幸福。

爱丽丝(九岁)： 就是跟别人分享自己的看法，也就是生活。每天生活，就是哲学。

阿迪尔(九岁)： 就是对一切事情提问。

第三项建议：告诉孩子哲学班的规则

在哲学班开始的时候，一定要向孩子解释这个班要做什么，而且告诉他们规则：

◎ 我们不是上课，所以不是老师要教，孩子们要学。这个哲学班，是要你们自由地说出你们的想法。主持人不评论，不打分，不测试。他就是来陪同你们讨论，帮你们表达你们的想法，帮你们跟别人讨论。

◎ 问题提出以后，想回答的孩子要举手，主持人来说由谁发言。

◎ 尽量避免已经说过的话。集体思考的基石一旦奠定，没必要再来一次。每个发言都应该带来一点新内容：一点儿解释、表示不同意，或者说出不同想法。

◎ 必须认真地听别人说话，不能嘲笑，也不能评判。

◎ 如果不同意另一个孩子的说法，得到发言资格以后，要看着对方说："我不同意你说的，因为……"

◎ 应该讲明自己想法的来龙去脉。不接受一个简单的"对"或"不对"，也不接受没有理由的想法。

第四项建议：选择开场白要能够利于讨论

我刚刚提到，开场的方式是很多的。我们可以找一篇文章，让一个或几个孩子来读，帮他们找出一个哲学问题，然后发起讨论。也可以拿一个词，看看孩子们会想到什么。比如"爱""自由""公平"。也可以说一句名言。我曾经用过这两句："我在他的脚步声中听出了幸福"，"越是了解，就越是喜欢"，分别用在以幸福和以爱为主题的哲学班上。如果不用文章，完全可以找一个标语、一张图、一个电影片段，来提出一个哲学问题。当然我最经常用的，是以一个问题开场："什么是成功的一生？""权威是必需的吗？""朋友是什么？"等。

第五项建议：尽量不说出自己的个人观点，但要给孩子厘清概念

作为主持人，其实很难做到完全中立。孩子们也经常会询问你的意见。同样，如果一个孩子说错了什么，你不要给他做负面的评价。最经常遇到孩子跑题，这时你可以和气地把他的话带回主题。有一次碰到一个女孩，她根本没有回答我的问题，我大概露出了一丝嘲讽的口气。她脸红了，然后就要离开。我非常愧疚，后来跟她聊了很久，向她道歉，告诉她我不该这样说话。

尽管主持人不应该表达自己的个人观点，但我认为在讨论过程中给孩子厘清概念特别重要。比如，在一次以情绪为题的哲学课上，

要使孩子们认识到短暂的情绪（突然的惊喜）和长久的情绪（长期的爱）是有区别的，就要给他们解释，什么是情绪（短时间的），什么是情感（长时间的）。这样的解释可以帮助他们找到合适的表达方式，来说出自己的想法。因为他们在缺乏足够的概念知识和语言知识的情况下，很难清楚地表达。有时也可以给他们简单地介绍一下哲学的历史，这样能够帮助他们加深自己的思考。

第六项建议：以孩子的回答为基础引导讨论

当然，主持人每次都要事先考虑要提的问题，准备如何主持讨论。当孩子面对有些比较难的问题没法讨论的时候，可以给他们一个提示，或者换句话重新把问题说清楚。但多数时候，孩子们的回答足以推动讨论。主持人的主要作用就是让讨论有内容，尤其是在某个孩子说出一些很有道理的话，或是引起争议的话的时候，也就是最有建设性成果的时候。有一次我在一个二年级的班级讨论"什么是成功的人生"。一个孩子说："就是活得越长越好。"我问："大家同意吗？"很多孩子都举手表示不同意。还有一次讨论幸福，一个四年级的孩子说："幸福就是要什么有什么。"我也询问大家的意见，讨论非常热烈。

第七项建议：如果讨论变成了讲故事，要及时予以限制

有时，讨论中会讲到某个小故事，因为非常具体，孩子们都很感兴趣，于是大家都想讲小故事。有一次，我们在谈情绪问题，一个孩子讲述了自己的一次恐怖经历，然后其他孩子就都想说说自己经历过的恐惧，这差点儿让整堂课变成讲恐怖故事了。于是我请他们回到开始的问题上："恐惧、悲伤、愤怒，是不是负面情绪？"

第八项建议：让不爱说话的孩子发言

每个班上都有一些孩子总是举手发言，这是好事，可以使讨论得以顺利进行。不过这也会让别的孩子不敢说话，怕自己说得没有别人好。因此主持人一旦发现这种情况，就需要向沉默的孩子提问，促使他们讲述自己的想法。有些内向的孩子常常会表达出很有见解的看法。

第九项建议：总结大家的发言

如果讨论热烈，但不太切合主题，主持人有必要时不时地总结一下，把最主要的内容重新捋一遍，可以帮孩子们记住大家的心得，使讨论具有建设性。把重要的内容写在黑板上，或者使用某些图像

也利于记忆。我也会请某个孩子到黑板上写下大家一起总结的东西。比如在讨论"生命的意义"那一次,我们先在黑板上记下来各种发言的要点,"得到幸福""帮助别人""做自己想做的事""爱""做好事",等等,然后话题就能够深入。

第十项建议:给每次哲学班做记录

我在实践中慢慢发现,孩子们常常忘记前几次哲学班已经讲过的基本概念。尽管讨论本身已经有很大的益处,但更好的是让孩子们长久地记住某些词汇,充实自己的思想。所以我极力建议给他们发放一个小本子,就叫作"我的哲学笔记",在每次哲学班结束的时候,花五分钟记下来当天印象最深的内容以及新词汇。如果在课外对当天的话题有什么新的想法,也可以让他们及时地记在这个本子上。

反馈意见

我在几个班级办了定期的哲学班(每月一次,总共三至四次)之后,收集了一些班级的老师对哲学班的反馈。以下引用巴黎菲纳隆私立小学的老师卡特琳娜·乌泽尔写的反馈意见:

四年级学生的这段尝试是独一无二的。在此我不可能把所有重要时刻全部记述下来，但我不会忘记我亲眼发现孩子们一天天成熟起来的这段经历。本来我很难想象如何教孩子了解人的情绪，给各种情绪命名，然后教他们学会管理自己的情绪。以情感为话题让孩子们讨论，让他们认识和分辨各种情感也并非易事。然而，孩子们却出乎意料地参与了讨论。哲学班开场总是提出问题，然后让大家发言。孩子们居然能够认真地倾听别人，积极地做出反应。孩子们的话很多，思考不断，观点不一。每个孩子都有想法，可以自由表达，主持人不进行评论，完全是正面地倾听。他引导讨论，在某个特别有趣的想法说出之后引出新的问题，使得整堂课很有生机，孩子们的个人思考和集体思考都得到发展。

他们的头脑成熟，思考深入，这使我吃惊不已。他们能够举出实在的例子。他们表述，解释，说理，反击。他们会举一反三，不断进步。讨论是激烈的、紧张的、有趣的，有时是出乎意料的，但总的来说都很有意思。我发现孩子们的观点在变化。我感到他们懂得了哲学可以大家一起学，是倾听别人所说，了解别人所想之后的一种个人的思考。他们学会了共同学习，而且都很喜欢这样的方法。

我也发现他们的表现跟平时上学不太一样。平时极为内向的一个孩子在哲学班上非常活跃，另一个孩子竟然那么认真地听别人说话！每个孩子都以自己的方式积极参加。这几个星期以来，他们的表达能力得到了发展，他们会用最准确的词语表达自己的想法。

他们跟我，也跟家长说，很喜欢这种哲学班的经验。当别人称他们是"小小哲学家"的时候，他们都觉得无比自豪。我知道他们在哲学班结束时非常难过，很多孩子都要求勒诺瓦老师明年接着给他们办哲学班。

我也衷心希望，我们能够与这些孩子以及其他班级的孩子继续这种训练和尝试。

我在这个班的最后一次课上也收集了一些意见。我的问题是："这个哲学班给你带来了什么？"孩子们的答复如下：

朗斯洛（十岁）：　我们听了别人的话，就会换一种想问题的方法。
阿尔图尔（十岁）：　我们现在比较懂自己对事情的反应和感觉，比较会控制自己了。
加斯帕尔（九岁）：　哲学班带给我文化和知识。
韦澳莱特（九岁）：　我以前从来没有想过哲学班上提出的这些问题，现在我很高兴思考过这些事情。

还有佩泽纳镇的镇长，阿兰·伏杰尔-辛杰，他请我在当地的公立小学普雷维尔小学开办哲学班，开发这样的课外活动，让孩子们学着了解自己，学着与他人共处。他旁听了这所小学大多数的哲学班，给我写了一段话：

也许是命运的安排，勒诺瓦先生踏着莫里哀和拉波安特的足迹，来到了我们这里的普雷维尔小学。这是佩泽纳小镇的孩子、他们的老师和镇议员的幸事。**教孩子们学会呼吸，学会专心，学会论证！**

与其说是"教"他们，不如说是让他们感觉、触摸……让他们畅所欲言。给他们几件简单的工具，让他们走出"听话"，走出"必须如何如何"，"应该如何如何"，打开他们的头脑，打开他们的心扉……

这是个重要的挑战！学校的老师们勇气可嘉。他们敢于撕开平时那种安稳的"老师—学生"的课堂关系，敢于创新。

真是不可思议的事情！孩子们自由地表达，竟常常口出妙语。他们对别的孩子说的话进行评论补充，取长补短。他们自然、真诚、互相尊重，鼓舞着每个人。

我曾注意到一个六岁的小女孩非常积极地参与讨论。当听到"有困难的时候能不能感到幸福"这个问题时，她毫不犹豫地说"能"。我在课后问过她的老师，老师告诉我："她有哮喘病，发作的时候，她总是微笑——伊壁鸠鲁的微笑……"

在高年级的第二次哲学班上，有一位母亲在场，她说她女儿从不说话，后来这位母亲不来的时候，女儿完全是个活跃善谈的孩子。放开缰绳吧！

勒诺瓦先生掌握着发言的局势，注视着孩子举起的手和每个发言的孩子。很快，孩子们都盼着他到来，也学会了冥想。

在佩泽纳，我们的目标是共同前行。明年开学将有更有趣的行动。

三、哲学班的讨论

幸福是什么？／037

情绪是什么？／048

爱是什么？／060

朋友是什么？／073

人和动物一样吗？／078

对付暴力必须使用暴力吗？／084

生死有命还是长生不老？／099

生命有没有一种意义？／105

什么是成功的人生？／113

> 每个班上都有两三个孩子能够回答问题，还会提出一些很好的问题。要以他们为主力，同时尽可能地让大家都参与到集体思考之中。

前面陈述的十项建议也许看上去有点儿抽象，因此我认为有必要把我主持的哲学班的一些片段展示出来，把一场讨论如何开展，其中的关键时刻，还有偶尔遇到的"死胡同"等具体说明一下。我把这些片段按照主题进行了分类，每个主题下面都有一次或多次哲学班的记录。这样，教育工作者可以借鉴其中的开展过程、我提出的问题，以及讨论中表达的观点，便于就同样的主题组织哲学班。

这里的内容既非配方，也非样板，只是实践中的记录，只有长期重复才有意义；这也是传递话语的一种方法，每个人都可以根据现场情况自由发挥。因为过长，我删掉了不少孩子们举出的具体事例，这样不影响辩论的线索和节奏。读者可以看出，每个班上都有两三个孩子，他们能够回答问题，还会提出一些很好的问题。主持人就需要以他们为主力，同时不住地询问其他孩子的想法，以便尽可能地让大家都参与到集体思考之中。

每次哲学班我都录了音，有些时候还有录像。我的记录就是以录音为基础的，稍有文字调整，尽量保持了原来的用词。我总是请发言的孩子先报上他的名字,但有的孩子会忘记说名字,或者有些名字听不清楚,这时我就写"一个孩子说"。

幸福是什么？

我总共接触过十八个班级的孩子，从幼儿园大班到小学五年级，包括四岁至十一岁的孩子。我们的哲学班第一次开班总是讨论有关幸福的问题。这是个普世题目，容易入手，孩子们都有话说。让他们来给幸福定义可以促进他们理解表象。我发现，无论是在哪个国家，大城市还是小村庄，孩子们的回答都很相似。尽管着重点有所不同，但对于中心问题的观点基本都一样，比如必要的和多余的，存在与拥有，幸福和快乐的区别，等等。下面展示的就是在科特迪瓦首都以及法国南部小镇举行的哲学班里的讨论。

这是在阿比让一所私立小学（"七个小矮人"小学）的一个班（八到十一岁的孩子）的讨论。

本人： 对你们来说，什么是幸福？

一个孩子： 幸福，就是说很快乐。从不跟别人生气。爱身边的人。分享很多东西。

玛丽： 幸福，就是跟别人分享的快乐。

阿丽莎： 就是不灰心泄气。我们得到想要的东西就特别幸福。

快乐,是我想要拥有的东西。

幸福,是跟别人分享的快乐。

——玛丽(十岁)

朵纳特拉： 我觉得，幸福就是永远都微笑，从不跟我们喜欢的人生气。

萨菲拉： 我觉得，幸福就是跟别人分享。

一个孩子： 就是实现所有的愿望。

本人： 你们觉得实现所有的愿望可能吗？

耶尼： 不可能，不可能实现所有的愿望！人不可能想要什么就有什么。而且，你得到一个东西以后，就想要另一个东西，所以永远不会幸福。

本人： 你说的这个很重要。古代思想家就曾经说过，我们总是不满足，要想得到幸福，必须学会满足于已经有的东西。其中一位思想家说过："幸福，就是继续期望自己已经有的东西。"你们同意吗？

☺☺☺☺大家都说同意。

耶尼： 我想，幸福是得到成功的人生。

本人： 成功的人生是什么意思？

耶尼： 得到学位，然后做喜欢的职业。

本人： 大家同意吗？

☺☺☺☺大家都说同意。

本人： 有什么补充吗？

耶尼： 要想幸福，应该过简单的生活。

克拉： 我同意耶尼说的。幸福，我觉得就是在一个简单的房子里，跟幸福的父母在一起。

本人： 那么，钱重要不重要？

一个孩子： 重要，钱挺重要的。没有钱就不能有房子，没有吃的，没法上学。

一个孩子： 没有钱就不能支付家里的开销。

一个孩子： 就不能给孩子付学费。

玛丽： 我觉得钱没有那么重要，爱是最重要的。

佩尼埃： 钱不是最重要的，但是没有钱就没法生活。

奥利安娜： 对，但是如果你有很多钱，你可以买很多没用的东西，这不一定会让你幸福。

本人： 奥利安娜刚刚提到必需的和多余的区别。必需的，就是你们说的，有房子住，有吃的，可以交电费，可以交学费。多余的是什么？你们生活中什么是多余的？

佩尼埃： 多余的，有电子游戏。

克拉姆： 手机。

约安： 电脑。

里姆： 平板电脑。

申恩： 苹果手机。

卡迪： DVD。

阿曼达： 游戏机。

小乔埃尔： 电视游戏机。

玛丽： 艺术品。

一个孩子： 滑轮车。

佩尼埃： 网络盒子。

一个孩子： 各种游戏设备。

申恩： 单板滑轮。

朵纳特拉： 手提电脑。

佩尼埃： 遥控汽车。

玛丽： 电视机。

本人： 你们找到这么多多余的东西。你们是不是觉得，这些东西可能有点儿用，好玩儿，但是不是幸福所必需的，就像奥利安娜说的？

一个孩子： 不是必需的，但是有了这些东西更好。

😄😄😄 笑声。

佩尼埃： 这样就可以娱乐呀。

玛丽： 是的，不过可以带来快乐。快乐，就是我想要拥有的东西。幸福，就是跟别人分享的快乐。

本人： 你说得真好，玛丽。大家同意吗？

😊😊😊 大家都说同意。

以下记录的是在佩泽纳小镇（法国南部）的普雷维尔公立小学，一个四、五年级班上的哲学课。

本人： 普雷维尔有这么一句诗："听到他离开时的声响，这时我发现了幸福。"你们想到了什么？

雅尼斯： 我想到知了，知了总是在唱歌，我们很喜欢，然后知了走了。

特克萨娜： 就是说知了离开的时候有一种幸福的感觉，它发出声响……

本人： 诗里说的声响是什么？

一个孩子： 是无声。

埃洛伊斯： 脚步声？

本人： 诗人提到的声响，是指别的东西。什么让幸福走了？

雅尼斯： 不幸？

本人： 对呀！如果不幸来了，我就发现幸福了。这是什么意思？

罗宾： 不幸来临的时候，他想到幸福，但是之前没有意识到。

雅尼斯： 就是说这个人现在变得很不幸，然后他就想起过去。

布莱兹： 好像是他觉得他以前的生活很不错，但是现在他说："哎呀，真没劲，我怎么没早点儿发现呢！"

本人：　对了。普雷维尔的意思就是说，我们常常在生活中不知道自己很幸福，或者说我们应该觉得幸福，只有在不幸降临的时候才会明白。也就是说，人在不幸的时候才懂得什么是幸福。大家同意吗？

☺☺☺大家都说同意。

本人：　你呢，你不同意？

一个孩子：　我没懂。

本人：　谁可以给他解释一下？

罗宾：　比如，你去度假，但你不知道你去度假是很幸运的事情，可是等到假期结束你回到家的时候，你就会觉得，度假的时候多好啊！

☺☺☺笑声。

布莱兹：　就好像你有好多朋友，你觉得这没什么特别的，但突然你没朋友了。

本人：　那怎么样呢？

布莱兹：　你没有朋友的时候，你就会觉得以前有朋友的时候特别好。

罗宾：　有时候，我想要某个东西，妈妈给我买了，我心说：我还要别的。这时候我想到有的人根本没有钱买这样的礼物，我就会对已经有的东西比较满意。

本人：　这是另外一个有趣的话题，我们可以说一说。如果我们总是想要什么东西，我们会幸福吗？

幸福是来经历的，

高兴是来感觉的。

———— 玛里于斯（九岁）

一些孩子：不会。

本人：为什么？

雅尼斯：有时候，我们什么都有，然后就烦了。所以就总是不高兴。

克洛艾：有时候，我看见一个东西，觉得特别好，可是再想一下，家里已经有很多别的东西了，其实已经很好了。

一个孩子：比方说，对于一个母亲，拿什么也不能跟她儿子换。

本人：你的意思是什么？

同一个孩子：就是说别人谁也别想要我喜欢的。

恩佐：嗯，对。幸福就像过节一样。过节最重要的，不是收到礼物，而是全家人在一起很快乐。

本人：你们觉得爱比钱和其他物质上的东西都重要吗？

☺☺☺大家都说同意。

本人：有没有谁觉得不是这样？

☹☹☹大家都说没有。

本人：好，看来大家很一致。确实，你们说物质上的东西重要，但是只有物质不够。我给你们提的问题是：我们所有的愿望都可能满足吗？或者说，我们将永远无法满足？

梅迪：当我们想要什么东西的时候，爸爸妈妈常常说不行，这其实是幸福的事，因为他们是为了我们好。

罗宾： 我喜欢去商场的时候，妈妈问我想要什么，但是不喜欢我一说"要这个"妈妈就给我买。我更愿意等待以后得到。因为如果我们要什么就马上有什么，那我们就永远不会高兴。

本人： 另一个问题：你们觉得幸福和高兴有区别吗？什么区别？

特克萨娜： 我觉得幸福是互助，是朋友，是家人……高兴嘛，比方说就是别人送给你一个东西的时候。

埃斯特班： 幸福是妈妈给我买了什么东西的时候，高兴是我玩这个东西的时候。

埃洛伊斯： 幸福是长时间的，高兴是一瞬间的。

本人： 你说的这点很重要，高兴是短时间的，幸福是长时间的。你们都同意吗？

☺☺☺ 大家都表示同意。

本人： 古代的哲学家，包括伊壁鸠鲁或者亚里士多德，在高兴感受的基础上发现了幸福的概念，而且区别了这两个词：高兴是一种即时的感受，幸福是一种长时间的状态。幸福是离不开高兴的，但是要想得到幸福，高兴是不够的。你们说为什么？

埃斯特班： 因为高兴也是需要更新的，而且是跟外部的一个东西联系在一起的。

雅尼斯： 我觉得，幸福是一种感情，高兴是一种感觉。

布莱兹： 我同意。我觉得高兴是集中在一个东西上的。幸福呢，是跟很多事情联系在一起的。

本人： 你们说得真不错！高兴是一种感觉，集中在一个东西上，幸福是与整体有关的一种感情：与家庭、自己的工作、学习等有关的总体。你们同意吗？

☺☺☺ **大家都表示同意。**

特克萨娜： 我还想说，幸福和高兴不一样，是因为幸福是不可能拿走的，高兴就会轻易地消失。

本人： 你觉得幸福永远不会消失？

特克萨娜： 不会，因为幸福是跟我们爱的人在一起。

本人： 就是说，只要他们在，你就是幸福的？

特克萨娜： 对。

情绪是什么？

　　这个哲学班的主题是情绪，这是对孩子很重要的主题。对大脑进行的研究显示，情绪智力，即理解自己的情绪并学会控制情绪的能力是逐步掌握的。如何运用情绪完全是一种艺术。因此孩子应该尽早学会识别各种情绪，知道如何控制和管理自己的情绪。我在各个学校开设哲学班的时候总是谈及这个话题，每次都发现各个年龄的孩子对这个问题都很感兴趣，他们都愿意讲自己的情绪，愿意了解情感和情绪的不同。

　　下面记录的是在布鲁塞尔郊区莫林比克小学一个七到八岁班级上哲学班的情况。我在2016年3月22日布鲁塞尔恐怖袭击（死亡人数32，受伤人数340）之后不到三个星期内曾多次前往。这次恐怖袭击的犯罪分子就居住在这所小学附近。这件事情给所有人带来很大触动，但是我没有直接谈及这一话题。在讨论之中涉及情绪时，我们还是谈到了这些问题。

本人： 谁知道情绪是什么？

苏玛亚： 哭，快乐，伤心，生气，高兴……

本人： 对啊。这就是感受。伤心，快乐，愤怒。还有什么？

苏玛亚： 害怕。

本人： 对。这都是基本的情绪。咱们就从害怕说起。害怕是什么？是让人舒服的情绪吗？

大家： 不是！

本人： 害怕不是让人舒服的情绪。那是不是说，害怕总是一种负面的情绪？

一个孩子： 不是。

本人： 为什么不总是一种负面的情绪？

苏玛亚： 因为有时候害怕，过后又挺好玩儿的。

本人： 对，但是除了有时候吓唬人以外，害怕有什么用？

莱达： 比方说，你弟弟在危险中，但你一点儿也不害怕，那你就不救他？

本人： 太对了。如果有危险的时候害怕是不是有用的？

大家： 是的。

本人： 害怕不一定总是负面的。你们同意吧？

好几个孩子： 对。

本人： 所以说，尽管害怕让人不舒服，但这本身并不是一种负面或者正面的情绪。如果因为害怕，我们什么都没法做，我们没法做该做的事情，这就是负面的。不过，如果因为害怕，我们能够了解危险采取行动，那就是正面的。

大家：对。

本人：现在，咱们说说愤怒的情绪。愤怒是负面还是正面的情绪？

丽娜：负面的。

本人：为什么？

丽娜：因为我们生气的时候，就只想着这个。

莫哈麦得-阿敏：嗯，是负面的。

本人：那为什么？

莫哈麦得-阿敏：因为没有用。

本人：你们同意吗？是不是愤怒从来都没有用？

几个孩子：不是。

艾娃：因为有时候我们争吵、生气，但很快我们就和解了，问题就解决了。

凯文：要是有坏人打别人，我们就很生气，就会去帮助那个人。

本人：愤怒可以让我们面对不公平的时候有行动。你们说是不是？

几个孩子：是的。

本人：你们看，愤怒也是有好的方面和不好的方面，跟害怕一样。那伤心呢？伤心是好的还是不好的？

三、哲学班的讨论 | 051

苏玛亚：伤心是不好的。我奶奶去世的时候，我特别伤心，我一直哭……

丽娜：我觉得这有时也是好的，因为有时候哭完就舒服了。

本人：这两种都对。那么现在我们说说第四种情绪，就是快乐。快乐是不是总是好的？

很多孩子：是的！

本人：我也说快乐总是让人舒服的。但你们有没有感到过不真的快乐？

几个孩子：有过。

本人：那来讲讲吧，谁体会过不真的快乐？

纳西姆：我有一次去公园踢球，本来很快乐，但是下雨了，所以很快就很难过。

安德雷：我表哥开始说要来跟我玩，我挺高兴。他来了，但是以为我们家里没人就走了，所以我很难过。

丽娜：有一天，我跟妈妈在一起，她让我去买冰激凌，我很高兴，结果我的冰激凌掉地上了，所以很难过。

本人：你们看，快乐确实是一种很舒服的情绪，一般都是正面的，不过有时候也不是真的：要是我们开始想错了很高兴，那这种快乐就不是真的。所以说，各种情绪无论是让人舒服的，还是不舒服的，都可能是正面的或者负面的。对不对？

☺☺☺大家都说对。

我们能控制自己的情绪,比如说愤怒,要是明白自己为什么发火,就能控制。思考就能帮助我们控制情绪。

—— 蕾阿(九岁)

本人： 我希望听大家说说，在布鲁塞尔这里发生的恐怖袭击事件，很多人都死了，这件事给大家的感觉是什么？

一个孩子： 难过。

本人： 你为什么感到难过？

同一个孩子： 因为他们杀死那些人，这太坏了，那些人什么坏事都没做。

瓦尔杰塔： 我很难过，我也因为这个哭了。

莫哈麦得-阿敏： 我感到害怕。我觉得死亡很可怕。

苏玛亚： 我又难过又害怕。

本人： 为什么？

苏玛亚： 我害怕死掉。我为这些死去的人难过，他们什么坏事都没做。

埃梅纳： 我很难过，但也高兴。

本人： 高兴？为什么？

埃梅纳： 因为抓住了恐怖分子，把他们打死了。

玛纳尔： 我也是，难过，然后高兴。

本人： 为什么？

玛纳尔： 我在电视里看到爆炸，很多人受伤，我很难过。可是我看见恐怖分子有的死了，有的被抓了，我挺高兴。

纳西姆： 我很难过，因为也有孩子死了。

安德雷： 我很难过，很生气。

本人： 那为什么？

安德雷： 难过是因为那么多人死了，生气是因为坏人害死了好人。

莫哈麦得-阿敏： 我也很生气，他们杀死了很多什么坏事都没做的人，还有做了很多好事的人。

爱德华： 我主要是替妈妈害怕，因为她在地铁里，爆炸的时候她就在对面的站台上。

玛纳尔： 我很难过，也很害怕，我妈妈也在地铁里，我很怕她当时就在爆炸的地方。

苏玛亚： 我替我哥哥害怕，他正要去坐地铁，他有几个朋友都死了。

本人： 你们对这些恐怖分子怎么看？为什么他们要搞爆炸杀人？

纳西姆： 恐怖分子都是疯子。

苏玛亚： 我也觉得他们都疯了。

莫哈麦得-阿敏： 我也是觉得他们都是疯子。

凯文： 他们是白痴。

爱德华： 他们又蠢又疯。

萨尔瓦： 他们是疯子。

坎迪： 我呢，我觉得他们有病。

凯文： 他们不正常。

尤塞夫： 都是浑蛋。

莫哈麦得-阿敏： 他们整个都疯了。

玛纳尔： 我觉得他们疯得厉害，把好人都杀了。

埃梅纳： 他们太有病了，因为他们杀了人，然后自杀。

本人： 是啊，他们为什么自杀呢？

埃梅纳： 因为他们以为自己要进天堂。

本人： 你们觉得他们会进天堂吗？

😮😮😮**大家一起大声喊：不会！**

本人： 好，大家都同意！有没有人觉得他们会进天堂？如果没有，为什么他们不会进天堂，你们怎么想的？

莫哈麦得-阿敏： 因为他们杀死了好人。

安德雷： 因为上帝喜欢做好事的人，不喜欢坏人。

埃梅纳： 他们会直接下地狱，上帝根本不理他们。

苏玛亚： 上帝从来不会让人去杀人，所以他们会下地狱。

坎迪： 上帝没让他们去杀人。

艾娃： 他们不可能进天堂，因为上帝只会让好人进天堂，他们是坏人。

下面我希望就情绪专题再补充一段，这是我在巴黎的菲纳隆小学，与一批稍大一些的孩子（四年级）的讨论。我们还谈到了其他一些问题：如何管理自己的情绪？情绪与情感的区别。情绪与幸福的关系。

长时间的快乐，就是幸福。

—— 蕾阿（九岁）

本人： 上次我们讨论了幸福，今天谈情绪。什么是情绪？

让娜： 快乐、难过、害怕和愤怒……

蕾阿： 就是短时间的心情。

本人： 对，就是一段时间内我们感觉的心情。我们能不能决定要情绪或者不要情绪？

普利斯卡： 不能，没法选择，但是之后可以控制。

让娜： 比方说，我们先是生气了，但是之后就过去了。

鲁西尔： 对，有时候我们生一个人的气，但五分钟以后，我们发现真没必要生气，然后我们可以道歉。

本人： 怎么控制自己的情绪？就像你说的生气。

鲁西尔： 嗯，就靠思考。

一个孩子： 对，我们想想，然后就消气了。

本人： 那就是说是理智、思想，能让人控制情绪。

😀😀😀 **大家都说对。**

埃克托： 要是我们害怕的时候，可以找大人来帮我们。

本人： 对，大人会告诉你为什么不要害怕。刚才说情绪是暂时的，那么有时候会不会持续时间较长？

一个孩子： 会的。

本人： 那这种长时间的情绪，比方说爱，叫什么？

一个孩子： 是情感。

本人： 太好了！如果你长时间有一种难过的情绪，你会说"我处在难过的情感中"；当你们长时间快乐的时候，你们就是处在一种快乐的情感中；或者是长时间的爱，就是爱的情感——就是说不是某种短暂的情绪。你们同意吧？

☺☺☺ **大家都同意。**

蕾阿： 长时间的快乐，就是幸福吧？

本人： 你说得对。有一个哲学家，名叫斯宾诺莎，他说如果我们总是被一种快乐的情感所占据，我们就达到了幸福，完美而长久的幸福。不过幸福也不一定是随时随刻感觉快乐的。

阿尔蒂尔： 对，因为快乐是我们感觉到的，身体里的，但幸福是一种整体上的，来自一些发生的事情。

本人： 阿尔蒂尔说得很好。幸福是一种总体的状态，一种和谐、安宁，因为我们喜欢自己的人生。而快乐是具体的，就是一种情绪。当然了，快乐的情感如果是随时存在的，那就是一种浓烈的幸福。一种非常的幸福，存在于快乐之中。

维奥莱特： 一种情感能持续好几天？

本人： 也可能持续一生啊，比方说，你可以爱一辈子你的父母。

维奥莱特： 是的，但是看看愤怒，这个不会持续一生吧？

本人： 会的，有的人一生都生活在愤怒、难过或者害怕之中。

一个孩子： 为什么？

本人： 这常常跟他们的童年有关。他们与父母的关系不好，很痛苦，后来他们也没能反思自己或者进行心理治疗，就会长期被某种愤怒、害怕或者悲伤控制。

维奥莱特： 会不会有人生下来就从来没有感到幸福？

本人： 你们觉得呢？会不会从来没有感到幸福呢？

一个孩子： 会的。

另一个： 不会。

让娜： 一个女人有了小宝宝的时候，至少有一次是幸福的吧。

朗斯罗： 一个活得挺长的人，比方说八十岁的，不可能没有经历过幸福吧。

本人： 是啊，人生中肯定有不幸的时候和幸福的时候。每个人经历的时间不一样，有的人可能长时间处在幸福的状态，而有些人会长时间处在不幸的状态。

爱是什么？

爱这个题目是孩子们很喜欢的题目，而且他们常常有成熟的见解，叫人意想不到。尽管他们还没有经历过爱情，但他们对爱情、爱情的力量、爱情的各种复杂情况，对家庭、友谊、同情，甚至对大自然的爱，都有很多见解。哲学思考帮助他们理顺各类情感体验，理解此类体验的复杂性，从而对自己和他人都拥有更清醒的认识。在本书中究竟选择哪个哲学班的记录，这个问题缠绕了我很长时间，因为每一个哲学班都非常有趣。

下面是在科西嘉岛村庄布朗多小学给一组八到十一岁的孩子开设哲学班的记录。

本人：　爱是什么？

吉娜：　是一种情感。

本人：　为什么？

吉娜：　因为这是我们感觉到的东西。

阿娜伊斯：爱就是说我们爱一个人。先是开始爱一个人，然后常常在一起，之后就结婚，后来一直在一起。

克里斯多夫： 我们对爸爸和妈妈的感觉。

吉娜： 也有友谊。

本人： 友谊是什么？

吉娜： 也是爱，但不是爱情。

萨拉： 就是相处得好。

埃利亚： 爱和友谊，就是想永远在一起。

鲁本： 可是，有时候大人会打架，不是打，而是用说话的方法。

本人： 那他们为什么打架呢？

鲁本： 因为他们生气了。

本人： 那是不是说他们吵架的时候就是不爱对方了？

鲁本： 不是，他们还是爱对方的。

安东尼： 是，不过有时候爱情就坏掉了，他们就分开了。

一个孩子： 要是结了婚，那还可以离婚。

吉娜： 可是，有时候，人越了解一个人就越爱他，因为一些外在的东西变得不重要了，比如说外貌什么的。

本人： 有个大艺术家叫达·芬奇，也说过这样的话，他说："越了解越爱。"就是说可以超越表面，越是了解一个人，就可能越爱真实的这个人。你是这个意思吗？

吉娜： 是的。

朱莉： 对，开始的时候如果他或者她不怎么漂亮，可能就不喜欢，但是其实外表不重要，内心怎么样最重要。要看那个人是善良还是坏，是真诚还是不真诚。比方说，有的人不太好看，但是人很好，有的人可能很漂亮，但是心眼不好。

埃利亚： 有时候，有的人假装爱某个人。但是如果另一方是特别爱，这一方是假装，那么到后来肯定特别难过。

朱莉： 我同意埃利亚说的，因为谁都不应该玩弄别人的感情。这很糟糕，当另一方知道都是假装的，那就会特别难过。

本人： 有人这样？

朱莉： 有时候，如果一个女孩很漂亮，就有男孩想追求她，而其实他并不是真的喜欢那女孩，只是因为女孩漂亮才跟她在一起。

玛蒂亚斯： 可是爱不只是爱情，比方说还有母爱。

本人： 克里斯多夫刚才也说了。所以，你们已经提到了，有父母对孩子的爱，有孩子对父母的爱，这也是爱。友谊，也是爱。还有爱情。你们知道这三种了。

埃利亚： 不只是有孩子对父母的爱，还有对家里所有人的爱，对兄弟姐妹、叔叔姨妈、爷爷奶奶的爱。

本人： 对。

朱莉： 有时候，我们也喜欢动物。

吉娜： 对大自然的爱。

本人： 你在大自然中会感觉到什么？

吉娜： 我很感动，因为大自然很美。但要是看见树被砍断了，或是有人乱扔了垃圾，我就很难过。

玛丽娜： 在大自然中，我感到很自由。我觉得得到了帮助。在自己喜欢的地方，即便有困难，也很容易解决。

埃利亚： 我跟吉娜一样，如果有人去砍树，我就不愿意去看，我觉得很难过，因为树也是一种活着的生命。这就好像砍掉一个生命。

安东尼： 我也是，不喜欢看到砍树，因为树能够让我们呼吸，让我们活着，就好像是我们与大自然的交流。

萨拉： 我也跟埃利亚差不多，不过是对动物。我父母喜欢钓鱼，我就不愿意去，我不喜欢看到鱼在袋子里死掉，这叫我特别难过。

阿娜伊斯： 要是看到盘子里有肉，我就说不要。我不想吃肉，吃动物的肉让我觉得很难过。

本人： 你是素食者吗？从来不吃肉？

阿娜伊斯： 不是，有时也吃，但不经常，我吃肉就难过。

玛蒂亚斯： 我们也可能喜欢某些东西吧？

本人： 你举个例子。

玛蒂亚斯： 我喜欢汽车。

一看到自己喜欢的人，

心里就像是有小鸟在喳喳叫！

——克里斯多夫（十岁）

本人： 这是感情吗？

玛蒂亚斯： 我不知道。

安东尼： 是的。比方说，我搭了积木，有人明明知道我喜欢，过来一脚踩塌了，这样就让我难过。

本人： 你是说对玩具这类东西的牵挂吧？

安东尼： 对。

克里斯多夫： 我小时候有个绒线玩具还一直留着。有一次我惹妈妈生气，她气得把这个玩具扔掉了。后来我就很难过。

朱莉： 我们也可以喜欢书。男生喜欢足球，女孩喜欢跳舞。

本人： 你们定义了好几种形式的爱：爱情、友情、家庭的爱、对大自然的爱、对动物的爱、对东西的爱、对阅读的爱或是对一项体育运动的爱。

吉娜： 有时候我们其实不喜欢某些人，或者根本不认识，但要是他们遭遇了什么严重的事情，生病或是恐袭一类的，我们还是很难过。这是不是也是一种爱？

本人： 是啊，你觉得应该怎么称呼这类情感呢？

吉娜： 不知道。

莉莉亚： 牵挂。

本人： 牵挂应该是有某种个人关系的。这里说的是我们不认识的人，他遇到什么难事的时候，我们的那种感情叫什么？

埃利亚：一种亲近。

本人：亲近也是在个人关系基础上的。吉娜说的这种，叫作同情。你们听说过吗？

孩子们：没有。

本人：同情，就是在我们不认识的人遇到痛苦的时候，我们也很难过。我们看到非洲某些地方有人饿死会感到同情，也可能同情街上的流浪汉，也可以同情屠宰场的牲畜。这都不是我们的朋友，我们不认识，但我们也有一种形式的爱，他们的痛苦会触动我们。

朱莉：刚开学的时候，玛蒂亚斯刚来，谁都不认识，没人跟他玩。有时候我搞恶作剧，吓唬他，结果他摔得很疼，我就很同情他，给他倒了水，对他笑。

克里斯多夫：我感受过同情，是一个我们都不认识的辅导员。有一次他妈妈病得很重，我很同情他。这也是爱，但跟爱情不一样。

本人：区别是什么？

克里斯多夫：我们一看见自己喜欢的人的时候，心里就像有小鸟在喳喳叫！

😊😊😊笑声。

乔丹：我第一次看见萨拉的时候，我的心怦怦地跳，怦怦地跳，后来我就说了一句逗女孩开心的话。

😁😁😁**笑声**。

一个孩子：是的，感觉到爱的时候，心跳得特别快。

本人：是不是只有在爱上谁的时候心才会怦怦跳？

弗朗切斯卡：家里人我们常常见到，很熟悉，所以再看见的时候不会心跳的。

吉娜：有时候我们也会为家里人心跳，比方说，孩子出门了，总是不回来，妈妈就会心跳加快，因为她爱她的孩子，担心孩子。

布兰蒂娜：一个孩子出生的时候，人总是很感动，也会心跳加快。

乔丹：我有时候周末去妈妈那里。她到的时候，我亲她一下，告诉她我爱她，她如果不说她也爱我，我就会觉得她不要我了。

本人：已经有过吗？

乔丹：没有，但要是会这样，我就难过死了。

玛蒂亚斯：我跟妈妈总是拥抱亲吻。我妈妈整天都会亲我，每时每刻都亲我，我从来没觉得被抛弃。

本人：那我们再谈谈爱情，爱上一个人是怎么回事？

吉娜：爱上一个人，就像克里斯多夫刚才说的，一看见他就知道自己爱他。

本人：一开始就这样？

吉娜：不一定吧。有时候，比方说我们一起玩，慢慢发现对某个人有一种爱的感情。有时候你爱上某个人，但是那个人并不爱你，那就很难过了，经常有人为此哭。

弗朗切斯卡：你要是爱上谁的时候，就想永远跟他在一起。

莉亚：有时候开始你并不爱某个人，后来就有点喜欢，后来见过多次，就更喜欢了。

乔丹：我上幼儿园的时候，有个小女孩喜欢我，我开始不怎么喜欢她。后来，有一次课间的时候，我告诉她现在我有点喜欢她了，结果她开始发疯，还骚扰我了。

😀😀😀笑声。

埃利亚：有时候，有两个女孩是好朋友，都喜欢同一个男孩，这就会引起麻烦。就因为俩人喜欢一个男生。

克里斯多夫：我觉得不应该过分想着某一个人。万一这个人不爱你了，或者他死了，那你就得哭上几天几夜。

本人：你的意思是要是不想痛苦，就不要去爱。但是，应该不应该爱呢？

克里斯多夫：应该，但是不能过分牵挂。我就对我的狗过分地爱，它死的时候我太痛苦了。

本人：我写过一本这方面的书，书名叫作《水晶心》。

很多孩子：哇！

一个孩子：我看过。

本人：	是讲一个小女孩，她的狗死了，她说她再也不养狗了，太痛苦了。但她爷爷说，不对，她应该把心敞开得更大。其实，我写这本书就是想说，我们确实很怕痛苦，因为爱会让人痛苦。你们同意吗？爱会让人痛苦。
大家：	是的。
本人：	那是不是我们就不应该爱？
大家：	不是。
吉娜：	不过，克里斯多夫说得也对，不能过分牵挂。比方说，你碰到一个有心脏病的人，就不能太牵挂他，他可能会死去。
本人：	你觉得你能够控制你的感情？
吉娜：	能。
本人：	你们说了，人可以有很多朋友。那可以不可以有很多爱人？
一个孩子：	可以。
埃利亚：	有时候，一个女孩可能会爱上两个男孩，一个男孩可能会爱上两个女孩。
吉娜：	对，一个女孩可能会爱上两个男孩，但她不能跟两个男孩交往。
本人：	你说得挺有意思。你说，你可能会爱上两个人，但你不能跟两个人交往。你能说说为什么吗？
吉娜：	我不知道怎么说。

爱,既是一种情感,也是一种情绪。

说它是情感,因为会持续一生,比方说父母的爱。

但也是情绪,因为对于少年来说,

有时候我们会爱上一个人,可是时间很短。

——卡米耶(八岁)

弗朗切斯卡：因为你不能让其中一个难过。你不能同时有两个人生。

埃利亚：有时候，一个男孩可能会爱上两个女孩，但女孩不知道，他会说，我去找哥们儿玩，但实际上他去找另一个女孩。

本人：男孩这么讨厌啊！

😄😄😄笑声。

玛丽娜：你要是跟两个人交往，等人家知道了，就会吵架，就会有很多麻烦。

朱莉：说真的，你不可能跟两个人过，你没法把自己分成两半。

吉娜：你要是爱两个人，你就得特别公平，因为谁都不可能不对其中一个偏心一点。

本人：你们有没有发现，爱会使人粗暴？

弗朗切斯卡：是的，如果你爱一个人，可那个人去找别人，你就会有恨。

朱莉：有个女孩，跟一个男孩好，男孩告诉她不喜欢她了，爱上另一个女孩了。结果这女孩想把他抢回来，居然打算杀掉另一个女孩。

吉娜：有的人为了一个人打架，这个人吓坏了，会说："这都是因为我，我要去死"，或者那两个打架的男生会伤害对方。

鲁本：我姨妈和姨父分手的时候，姨父气得不得了，他把姨妈的车烧了。

本人： 这样的情况，会产生暴力，甚至杀人，就因为嫉妒，这是不是还是爱？

一个孩子： 这是恨。

本人： 为什么爱与恨离得这么近？

☺☺☺ **无人答话。**

本人： 人爱某个人的时候，总是想让他高兴，但同时，因为把自己记挂在对方身上，就会变得嫉妒，在对方离开的时候甚至就转为恨。所以说，你们看，爱其实是很模糊的，是一种复杂的情感，需要大家好好思考。你们一生中也许会体验各种矛盾的情感。

朋友是什么？

我在前一章关于爱的主题的哲学班（布朗多小学）上，摘出了专门讨论友谊的部分。我发现孩子们对朋友、爱人，甚至小伙伴都分得很清楚，他们关于友谊的讨论非常感人，这确实是他们生活中很重要的一部分。友谊对他们来说是非常熟悉的事情，因而讨论这个话题很容易，大部分孩子都积极地参与。

本人：今天结尾的部分我们来谈谈友谊。朋友是什么？

弗朗切斯卡：朋友就是什么都可以对他（她）讲的人。

纳坦：朋友就是忠于你，永远愿意帮你的人。

埃万：朋友是喜欢你的人。

本人：那你妈妈呢，不也喜欢你吗？

埃万：喜欢啊。

本人：那么，和朋友有什么区别？

埃万：朋友可以帮你。

克里斯多夫：朋友和伙伴不一样。伙伴就是天天一起玩的。朋友呢，就是什么都可以讲，你需要的时候他朋友和伙伴不一样。

伙伴就是天天一起玩的。

朋友呢，就是什么都可以讲，

你需要的时候他就陪着你，支持你。

——克里斯多夫（十岁）

就陪着你，支持你。就像兄弟一样。

吉娜： 我觉得不太对。伙伴和朋友，我觉得一样，只不过可以讲秘密的，都是最好的朋友或者最好的伙伴。

朱莉： 我不这么看。我同意克里斯多夫，伙伴就是你喜欢一起玩的人，但是你不会什么都告诉他，朋友呢，可以给你保密。你有困难的时候，朋友就会帮你，像是兄弟一样。

埃利亚： 我也觉得朋友跟伙伴不一样。但我觉得相反，伙伴是不一定天天见面的，朋友呢一般是经常见的。

玛蒂亚斯： 伙伴是在学校一起玩的，朋友是可以到家里的。

克里斯多夫： 我觉得吉娜说得也对。有时候朋友和伙伴一样。但是有一个很大的区别是，朋友你一般就有一个或者两三个，而伙伴可以有成千上万个。

本人： 你看呢，吉娜？

吉娜： 我也不知道。

朱莉： 我同意。我呢，最好的朋友就是吉娜，然后我有好多伙伴：杰尼、萨拉、布兰迪娜、玛丽娜，还有好多二年级的。我跟吉娜什么都说。

布兰迪娜： 朋友是你很牵挂的人，比伙伴牵挂得多。所以，如果你搬家或者转学的时候，会失去伙伴，但不会失去朋友。

关于友谊的话题也曾经在佩泽纳的小学一、二年级学生中讨论过。下面是记录：

本人：朋友是什么？

卡特琳：跟朋友在一起，我们总是很快乐。

米娅：我的朋友摔倒了，我就扶她起来。这就是朋友。

拉娜：朋友就是陪伴你的那个人，跟你分享很多东西。

卡普辛娜：朋友就是可以在一起，难过的时候可以安慰你，可以帮助你，一起说话，也一起玩。

洛曼：朋友对我来说差不多就是家人。

玛奈尔：可以一起玩，跟朋友一起玩。

米娅：我觉得，我的朋友就像我的姐妹一样，我们喜欢天天在一起。

😁😁😁笑声。

梅萨埃：朋友就是幸福，两人分享的幸福。

本人：可以有很多朋友吗？

😁😁😁大家都说可以。

本人：你们都同意吗？有没有不同意的？

一个孩子：有。

另一个孩子：没有。

本人：谁觉得不应该有很多朋友？

诺拉： 我不喜欢有很多朋友,也不喜欢我的朋友有很多朋友。

本人： 你是不是不喜欢你的朋友跟别的朋友玩?你嫉妒?

诺拉： 是的。

本人： 那你觉得我们可以有很多朋友吗?

诺拉： 我不可能。

本人： 有谁不同意?谁认为应该有好多朋友?

卡普辛娜： 有很多朋友更好,这样你可以更快乐。

梅萨埃： 我觉得有很多朋友更好,因为如果一个朋友去旅行了,那可以跟别的朋友玩。

巴斯蒂安： 我不同意诺拉说的。有好多朋友更好,这样可以交更多的朋友。

本人： 那么,诺拉,你听到他们说的了吧。你现在同意朋友多一些比较好呢,还是仍然觉得一个朋友最好?

诺拉： 我觉得还是一个朋友最好。

本人： 有个哲学家,两千五百年前住在希腊,名叫亚里士多德,他写过一本书,关于友谊的书。他说,朋友是我们选择的人,我们偏爱的人,我们喜欢常常见到他,跟他一起做事。你们同意吗?

☺☺☺ **全都同意。**

人和动物一样吗？

要想思考人类，拿人类跟动物做比较是个有意思的办法。哲学思考就是要对我们自己进行反思，超越表象和想当然的思维。拿我们和其他动物进行比较，可以让我们不以人类为中心，更理智地思考。

我办过两次以此为主题的哲学班。以下是在滨海阿尔卑斯省的小镇穆昂萨尔图的一个四、五年级的混合班上做的完整记录，参加的孩子年龄在八岁至十一岁之间。

本人： 你们觉得，人和动物有没有区别？

苔丝： 我觉得一点儿也没有，因为人类既是最聪明的，但也是最蠢的，没别的。

😄😄😄一片笑声。

本人： 你可以解释解释吗？

苔丝： 就是说我们是进化得最好的，直立行走，我们比动物拥有更多的东西。不过，我觉得没有什么特别的区别。

艾洛蒂： 我同意你，苔丝，就是。有的人很傻，特别傻。但是也有，比如科学家，很聪明，可能就因为有他们咱们才进化了。动物可能很多方面不如我们，但是每个动物都有自己的特点。比方说驴，好像可以看到很远的地方。豹子，可以跳得很高。

赛巴斯蒂安： 我也觉得一样。原始人其实差不多就是动物。其实，我们都是动物。

亚娜： 人和动物都一样，因为每一类别都有自己的语言，尽管互不相同。

米娅： 我不太同意。人和动物很不一样。

本人： 你怎么看？

米娅： 因为如果一个人有一个孩子，还有一只狗，要是狗成天闯祸，干坏事，主人就会对它不好，但对孩子就不行。

本人： 你的意思是人和动物没有一样的权利？

米娅： 对！人类受到的保护要比动物多，因为人和动物不一样。

恩佐： 我不觉得，米娅。因为这是人决定的，他比动物高级。我们自己说自己比动物高级，应该享受比动物多的权利。可是，这并不说明人就比动物高级！

罗宾： 我同意恩佐。根本上看，我们都一样，人也是动物。只不过种类不一样罢了。

本人： 一个不同的物种。

罗宾： 对，特殊的物种，主宰着其他物种。

人跟动物不同的是，

人总是不满足，总是想要更多。

——苔丝（十岁）

我们跟动物不一样，

我们总是在一种不停的竞争中：

挣更多钱，拥有更好的东西，

当其中最好的。

我们跟所有人都在比，

可实际上根本没什么意思。

——罗宾（十一岁）

苔丝： 我再说一下刚才米娅说的。人和动物确实有区别，但我觉得是，人会为了玩乐伤害他人，但动物杀动物只是为了吃饱，或是保护自己。

玛艾拉： 我不同意。我觉得动物跟我们一样。只是我们自己觉得比动物聪明。

本人： 恩佐已经说了。

玛艾拉： 他是我哥哥。

恩佐： 孪生的。

本人： 所以你俩想的一样。这也确实是个理由。

😄😄😄笑声。

奥雷连： 我觉得差不太多，可还是有点儿差别。

本人： 什么差别？

奥雷连： 你把一头狼和一个人放在大自然中，然后不去管他们。狼的生存能力很强，肯定能很快找到食物。但是人已经不习惯大自然了。人适应了舒适的环境，就不会在自然界生存。

巴蒂斯特： 人和动物不一样，因为人发明了汽车，动物可没有。

😄😄😄笑声。

马林： 我不同意巴蒂斯特，你要是去非洲，就能看见猴子会用石头做刀子。他们会做一些东西。

巴蒂斯特： 我就是举个汽车的例子！你看见猴子造汽车了？

艾洛蒂：巴蒂斯特，我不同意。因为每个物种都会给自己造房子。我们会用木头或石头造房子，但是蚂蚁也会造蚂蚁窝，鸟儿也会造鸟窝。造它们的窝也不是那么容易的，需要不少时间。谁都会创造，谁都很聪明。

查理：对呀！蚂蚁窝是很复杂的。需要很多蚂蚁一起工作。它们造的东西跟人类不一样，但是一点儿也不容易。

恩佐：我想对巴蒂斯特和马林说的话再说几句。比方说动物里的猴子，猴子也会做工具。它们也会想办法让生活更方便一些，制作其他的工具，那以后也会进化，跟我们一样。有一天它们也会把肉弄熟，慢慢进化，就会跟我们一样了。

本人：你的意思是本质上动物和人没有区别，只是物种进化方面比我们晚一些，低一点儿？

恩佐：对啊。

米娅：我完全同意巴蒂斯特说的，动物不一定能够跟人类做一样的事情。人跟动物不一样，可我不知道怎么解释。

玛艾拉：巴蒂斯特说得对，因为动物没有我们这样的智力。

本人：动物没有人类一样的智力，还是动物根本没有智力？

玛艾拉：动物做什么都是自然地做，我们嘛，总得知道事情的目的。人类的智力，好像就是为了做不是生存必需的事情。动物的智力还是为了它们的生存。

本人： 挺有意思，别人怎么看？

苔丝： 对啊。我们思考是想使事情更容易，也是为了发现新东西。所以，人类每次发现了新东西，总要走得更远。

本人： 他总是不满足？

苔丝： 对。总是不满足。总想要更多。

恩佐： 我觉得动物跟我们一样，只是需要给它们时间，有些动物，像猴子和海豚，肯定会有类似我们的智力和好奇心。

罗宾： 我同意苔丝的话。我们跟动物不一样，我们总是在一种不停的竞争中：挣更多钱，拥有更好的东西，当最好的。我们跟所有人都在比，可实际上根本没什么意思。人们制造了很多东西，比方说汽车，但如果没有汽车，世界也许会更好。

对付暴力必须使用暴力吗？

好几次哲学班都是围绕着共同生存、尊重、公正和权威等话题展开的。这些话题可以引出关于道德以及社会生活规则等方面的思考。其实学校里设置的道德与公民教育这门课就是从这些方面来培养和教育有责任的公民，但是哲学班只是就这些问题进行自由的交流和讨论，有的发言并没有什么依据，有的很幼稚，但是每个孩子都畅所欲言，跟别的孩子交流，这对他们来说也许比一堂正统的课更为有效。

以下是有关这些话题的两次讨论记录。第一次是在科西嘉岛上的小村庄里的布朗多小学二、三年级班上。

本　人：上一次我们讨论了个人幸福的话题。今天来谈谈共同生存的问题。要想大家幸福地在一起，需要什么？

卡米耶：如果有的孩子很孤单，我们就跟他们玩。

本　人：对，这样关照别人，这叫什么？

露　露：善意。

本　人：就是说，要想幸福地在一起，需要善意。

朱利安：需要团结。

本人：团结是什么意思？

朱利安：跟别人在一起，如果别人有困难就帮助他们。

卡丽拉：差不多就跟在社会中生活一样。比方说，有时候我家邻居训斥我，因为我们在楼道里叫嚷，她没法睡觉。因此我就小心地不出声，因为要尊重每个邻居。

本人：卡丽拉提到了尊重这个词。尊重是什么？

提奥：就是帮助别人。

本人：你们同意吗？尊重就是帮助？

😕😕😕大家说不。

本人：那么就是不一样的。帮助很好，但是尊重是另一回事。

卡丽拉：就像我刚才说的。要是有个人头疼，可其他人都在闹，这就应该停止打闹，尊重那个人。

一个孩子：可是，我要是头疼的话，噪声听着挺舒服。

😄😄😄笑声。

本人：真的？

同一个孩子：然后我就不头疼了！

马蒂斯：尊重，也是不打别人。

朱利安：不嘲笑别人。足球赛的时候，有的人有种族歧视，嘲笑黑人。这就是不尊重。

本人： 对啊！为什么要尊重别人？

卡米耶： 为了大家都不打架。

马蒂斯： 为了交朋友。

托马斯： 为了不让别人难过。

马蒂斯： 要是别人尊重我们，可我们很坏，家长就会告诉学校，学校就会找警察，然后我们就会被抓起来。

😄😄😄笑声。

本人： 怎么学会尊重？

托马斯： 我应该对别人很友好，人家才会尊重我。

安托万： 是的，即便别人不尊重你，你也要尊重别人才能让别人想尊重你。因为如果他得到尊重，就会很高兴，就会也学着尊重。

朱利安： 我同意安托万。可是要是别人不尊重我，我也不会一直那么尊重他。

提奥： 我跟朱利安想的一样。

一个孩子： 我也是。

纳图埃尔： 我也是，朱利安说得对。因为如果别人不尊重我，我也不该尊重他，这样他就明白不受尊重是什么滋味。

安托万： 我也觉得差不多。他说得对，如果我一直尊重他，但他不尊重我，那我也不尊重他了。但是如果他开始比较尊重我了，我就还是要尊重他。

本人： 就是说，要是那个人转变了，你就继续尊重他，如果他不转变，还是不尊重人，那你们就不答应。那怎么个不答应？

马蒂斯： 要是他继续，我们叫警察。

安托万： 不用叫警察，我们可以跟他说。

马蒂斯： 要是有人欺负你，你也不能揍他，不然会被抓起来。

一个孩子： 那总是要保护自己呀。

本人： 对，那是不是面对暴力的时候只能使用暴力？

安托万： 不能用暴力来对付暴力，因为会引起打架的。要叫大人，或者叫警察。

本人： 的确，如果有的人不尊重别人，我们可以跟他们谈谈，不过有时候事情比较严重，就要找警察来执法。法是什么？

安托万： 法就是，比如犯罪分子，他们不守法，他们无端地杀人。这就是法律不允许的。不合法的。

本人： 那么，法律就是不能杀人？

朱利安： 法律就是防止暴力。

本人： 那谁来制定法律？

一个孩子： 总统。

本人： 不对，不是总统。

朱利安： 是村长？

即便别人不尊重你，
你也要尊重别人才能让别人想尊重你。
因为如果他得到尊重，
就会很高兴，就会也学着尊重。

——安托万（七岁）

三、哲学班的讨论

本人： 不是。

安托万2： 是警察。

本人： 也不是。警察是让人来守法的。谁来制定法律呢？

安托万： 国家？

以下的记录是巴黎郊区峰德奈小学一组七岁到九岁孩子在哲学班的讨论。

本人： 你们觉得人能不能自己来执法？

路易： 不能。

本人： 为什么？

路易： 因为我们不了解法律的各个方面，我们可能会不公正的。

加斌： 我觉得可以。

本人： 为什么？

加斌： 我不知道。

本人： 你想个理由，咱们哲学班上就是要有理由，不是说感觉。然后，你们把各自的理由一起比较一下。你为什么觉得人可以自己来执法？

加斌： ……

洛南： 我觉得可以，因为有时候我们知道什么不对，就可以自己来纠正。

本人：好的。

马蒂斯：我觉得不行。因为我们不一定总是对的。

本人：那么你跟路易一样，觉得因为我们不一定什么都知道，所以有可能搞错。

马蒂斯：对。

尼农：我也这么想，世界上谁也不可能总是对的。世界上谁也不可能什么都知道，要是自己来主持正义就会搞错的。

本人：我换一个说法，你们觉得用暴力来对付暴力是不是正当的？

尼萨尔：不是。首先打人不对，还有，谈话总比用暴力好。

本人：很好。谁还没有发言？

罗拉：我。我觉得不是正当的，如果我们有麻烦，应该先告诉大人，因为，我们一般只会回打，这不解决问题。

本人：所以，就是说如果用暴力对付暴力，只会使问题更严重？

路易：说话比动手好，因为动手的时候，人会变得越来越傻，但是说话的时候我们可以思考。

蒂博：就是，打人不好，因为可能引起大战。

洛南：对，你先是打一拳，以后可能就发展成使用武器了。这是很糟糕的主意。

夏洛特：不是，因为这人太蠢了。

本人： 为什么太蠢了？

夏洛特： 因为你打了别人，别人也会打你啊。

加斯帕： 我也觉得不好，因为如果你打了，然后还想打，非得进监狱不可。

西多妮： 打人什么问题也解决不了，但是说话可以解决。

本人： 说话可以解决什么问题？

西多妮： 可以讲和。

尼农： 对，可是，有时候说话比打人还厉害。所以不能说得太狠，不能骂人。

本人： 你们说的差不多，不能用暴力来对付暴力，这不解决问题，而且会引起冲突、战争，带来很多麻烦。所以，对话最好。尼农，你说得对，要好好地谈，不能用语言伤害别人，引起暴力。现在，要是对话没用，那个人还是很凶暴，要攻击你，那怎么办？

安东： 如果都没有用，那我们也打。

克拉拉： 不对，应该告诉大人。

罗拉： 最好是告诉大人，这样可以解决。

加斌： 我也这么想，还是应该告诉大人，我们不应该打人。

尼农： 如果我们跟另一个孩子有麻烦，就该告诉大人，要是跟一个大人有麻烦，可以找警察。

本人： 警察有什么用？

尼农： 保护我们。如果有人打我们，威胁我们，敲诈我们，或者做别的不应该的事情，应该告诉家长，不然就告诉警察。

诺埃： 我觉得找警察更好，因为在法国总是有麻烦事，我们不可能以别的方式解决。

路易： 我跟安东想的一样，因为要是你在一个死胡同里，有人打你，你就得还手。然后你叫警察是要抓住他们。可你开始没别的办法，必须还手。

本人： 那么，路易，你认为要看情况来定。

安东： 要是总得找别人来帮助，那我们学柔道干吗呀？

本人： 要是没别的办法，就得自己保护自己。

蒂博： 我也觉得是，因为你在那个死胡同里，人家还有凶器的时候，你就得用柔道保护自己。

本人： 要是人家有凶器，你会柔道估计也没用，不过，那也该练练！

罗拉： 罗拉：你赶紧跑，没别的。

本人： 是的，最好的办法，如果可能的话，就是逃跑！好了，你们都明白不该用暴力来对付暴力。你们说警察让人遵守规则。那我再提个问题，也是这方面的，但是不太一样：你们觉得权威机构很有必要吗？

尼农： 是的，要是没有权威机构，就会到处是战争、争端、死亡，我们学校可能每天会有二十六个人死掉。

😄😄😄 **笑声**。

本人： 呵呵，尼农，你这么乐观呢！

😀😀😀笑声。

本人： 权威机构是什么？

尼农： 权威机构就是让人遵守规则的机构，让你不杀人，不诈骗，不偷窃。

本人： 这些叫什么？

尼农： 法律？

本人： 法律，对啊，接着说。

路易： 我部分同意尼农。但也不全是这样，因为偷窃、暴力、诈骗之类的，你不可能全部管住。

尼农： 对，可是管住一半也好啊，总比随便他们强。

路易： 你永远不可能全部管住。

本人： 你是说法律没什么用？

路易： 不是。

本人： 你是说，法律是必需的，但是只有法律不够？

路易： 对。

本人： 那除了法律以外，还需要什么，才能让世界更好？

路易： 什么都不可能。

本人： 你觉得没有任何办法？

路易： 没有。

本人： 你们都同意吗？

克拉拉： 人们不应该互相残杀，应该好好解释。

加斌： 要是每个人都很幸福，就不会有冲突和暴力了。

本人： 哦，这一点很有意思，加斌！你们觉得怎么样？

罗拉： 我不太同意，因为不可能所有人都幸福！这样当然很好，但是不可能每个人都幸福，没有战争。

本人： 17世纪的时候有个大哲学家，他说的跟加斌刚才说的差不多。他说如果每个人都尽可能地克服自己的负面情绪和情感——恐惧、愤怒、欲望、嫉妒，等等，大家就会生活快乐，就不会有冲突。

路易： 我不太同意，要是一个坏人杀人很快乐，偷东西很快乐，那能解决问题吗！

蒂博： 再说了，如果你把什么都给他，让他高兴，但还是有人不高兴。

克拉拉： 我也觉得。不可能让所有人都幸福，因为人不可能得到所有他想要的东西。路易说得对，要是小偷的快乐就是偷东西，犯罪分子的快乐就是杀人，那这问题永远解决不了。

本人： 加斌，你想回答吗？

加斌： 嗯，但是有些冲突是因为有的人特别穷，有的人特别富。要是大家分配得好一些，可能就会少一些暴力。

马蒂斯： 我跟你想的一样，加斌，要是富人能多帮助穷人一些，穷人就会幸福一些，暴力就会少一些。

诺埃： 我觉得幸福不需要很多东西，所以问题不是钱的问题。

本人： 从根本上说，加斌提到两个观点：一个是，要是人生活幸福，可能冲突就会少一些；另一个，如果人们能够更好地分享，可能冲突会少一些。我再提一个，比较类似的，你们觉得能不能通过教育让世界更好？

加斯帕： 有些恐怖分子就是没有上过学的。也许如果他们上过学，就不会变成恐怖分子。

尼农： 嗯，我觉得教育肯定有用。我也觉得不是非得有钱才能幸福，其实就需要一个漂亮的微笑，要是你向所有人微笑，大家也会向你微笑。

克拉拉： 我也这么想，我们应该做点什么，让周围的人更快乐一些。

安东： 其实我也同意加斌，因为我热爱生活，人要是快乐就不想伤害别人。恐怖分子想杀人，可能就是因为他们不爱生活，他们不幸福。

本人： 你说的就跟斯宾诺莎还有加斌一样！

☺☺☺笑声。

本人： 总结一下，我给你们引用一句甘地的话，你们知道甘地吗？

☹☹☹大家都说不知道。

本人： 甘地是20世纪的一位智者，一个政治人物，他是印度独立的功臣。他是和平主义者，主张非暴力。他说过这样一句话："请你们成为你们希望看到的改变。"你们觉得怎么样？

我热爱生活,
人要是快乐就不想伤害别人。
犯罪分子想杀人,
可能就是因为他们不爱生活,
他们不幸福。

——安东(七岁)

尼农： 对啊，比方说一个人对你说"别说了"，但他还说个不停，就是让别人改变，但自己不改变。那这样肯定不行。

加斌： 我同意甘地说的，比方说一个人很不快乐，因为他不喜欢他的工作，那他就应该改变他的生活，这样就会幸福一些。人应该先改变自己，然后再说别人。

夏洛特： 我也同意甘地说的，要是每个人都改变自己，每个人都会幸福，那就不会有冲突，不会有战争了。

安东： 没有那么简单。你要是想改变世界，想让世界上没有犯罪分子，怎么办？

本人： 甘地的办法，就是刚才我们说的法律的问题。甘地也认为，法律是必需的，但是不够，还需要人也改变自己。你们是不是也觉得，如果每个人都改变自己，世界就会改变？

安东： 是的，但是怎么改变？

本人： 刚才提到教育，这是不是个办法？

玛亚： 我想，如果你好好教育你的孩子，他们长大以后就不会做坏事。可能那些杀人犯小时候都没有被好好教育。

尼农： 我同意安东的话，因为那些杀人犯和强盗都不遵守法律。甘地让他们改变，他们才不管。

本人： 对，不过玛亚说的是应该在他们小时候受教育的时候改变他们。

尼农： 我同意。要是家长没有好好教育孩子，让孩子自己胡闹，后来就会很糟糕。

洛南： 肯定的，要是他们也能像我们一样练过冥想，也许后来就不会变成坏人。我觉得练冥想能让人平静，你会原谅别人。你要是原谅了，就不会想着报复了，然后就不会有那么多暴力了。

加斯帕： 我同意洛南说的。要是每个人都练冥想，这世界肯定会好得多。

生死有命还是长生不老？

我组织过两次有关死亡话题的哲学班，跟孩子们讨论过关于死后的信仰问题。从哲学思考方面看，最有意思的是孩子们对这个问题的想法：生死有命好，还是长生不老好？我承认当时很惊讶，发现多数孩子都倾向于生死有命，而且谈到自己的死都非常自然，而我们一般认为童年期很难面对这个问题。对于那些不愿思考这个问题还总想着长生不老的大人来说，这可以给他们作为借鉴。

我下面先介绍在穆昂萨尔图镇的小学四、五年级学生中讨论的片段。

本人：是不是长生不老比生死有命好呢？

一些孩子：是的。

另一些孩子：不是。

本人：有的说是，有的说不是。你们需要讲讲你们的理由。

蕾阿：我觉得还是生死有命比较好，因为要是我们长生不老，就不可能当孩子、青少年、成年人、老人，那多没意思啊！

佩纳洛普：还是不要长生不老了。要不谁都不会死，还每天有人出生，地球上的人就会太多了。

安托万：我也觉得还是需要死亡的，因为如果人长生不老，那什么事都见过以后，就不知道该干吗了！

艾莉娜：要是大家都长生不老，那世界就不会变化了，因为老是同一些人，自己也不会改变，什么都不会变化。

保罗：我不知道。长生不老也挺好的，这样就不会离开我们爱的人，比方说家里人。但我也觉得蕾阿说得对，从小孩子长大到老人，能变化也是挺好的。

吉阿拉：我觉得还是需要死亡，但是要很老的时候。我认识的一个小女孩五岁时死了，这太悲惨了。

玫丽娜：我觉得不应该长生不老，因为如果你出生的时候就有一种严重的病，你还不能死，那就得一直痛苦下去。

保罗：是啊，比方说你父母天天吵架，要是他们还长生不老，那就要一直吵下去！

😁😁😁笑声。

艾娃：要是人都长生不老，就不可能说不想活了。那痛苦的人就得一直痛苦下去。

本人：除了保罗提到与亲人分离的事情，你们大家都觉得需要死亡。但是刚才好像有很多孩子说长生不老更好。是不是说你们听了别人说的以后都改变想法了？希望长生不老的还有什么理由吗？

艾娃： 要是可以长生不老，人就不害怕死亡了，不害怕生病或事故了。这样就什么都不怕了。

下面是巴黎一所私立小学（八区的菲纳隆小学）四年级学生对同一个问题的讨论记录。尽管这些孩子与前面记录的孩子所处的家庭及社会环境不同[1]，但令我吃惊的是，他们的想法却相当的近似。

珂隆贝： 长生不老比较好，这样我们就能做更多的事情，也可以永远跟亲人在一起。

维克多利亚： 要是人都长生不老，那原始人还活着呢，我们就能知道以前都发生了什么。

卡米耶： 我不同意。我倒是觉得该死亡的时候就要死亡，要是长生不老，人就不会进化，还跟原始人一样。

马德莱娜： 还是不要长生不老吧。我们知道生死有命的话，就会更加珍惜。要是我长生不老，我会说：我一百年以后再去吧，反正我还活着呢。但是因为我们总会死的，所以更会珍惜生活。

本人： 我们就活得更认真？

---

1 巴黎第八区是非常昂贵的商住区域，一般来讲该区小学的学生来源属于社会阶层较优越的家庭。——译者注

还是需要死亡的,
因为如果人长生不老,
那什么事都见过以后,
就不知道该干吗了!

—— 安托万(十一岁)

马德莱娜： 对。

维奥莱特： 要是人不会死，就会总是有同样的痛苦，那么就会永远痛苦。我可不愿意！

爱丽丝： 要是人不会死，就会烦了。那个时候，活着就……

埃利约特： 我也觉得还是生死有命好，因为要是人继续生孩子，那地球上肯定没地方了。

维克多利亚： 最好的是人可以长生不老，而且世界上永远和平！

卡斯蒂耶： 我同意爱丽丝说的。我们要是什么都做过，过一段时间就没意思了。要是人因为不怕死都胡作非为，那世界上就乱七八糟了。再说，我觉得每个故事都应该有开始也有结局。人出生以后，开始生活，经历很多事情，有一天就没力气了，那就该结束了。

让： 我也觉得还是生死有命吧，不然现在还有恐龙呢……

一个声音： 那还是长生不老好，就可以骑恐龙了。

😊😊😊笑声。

本人： 行啊，那你得会驯恐龙才行呢。

😊😊😊笑声。

维克多利亚： 长生不老多好呀，可以想做什么做什么。

维奥莱特： 我不明白你为啥说这个，维克多利亚。

维克多利亚： 我们可以想做什么做什么，吃、睡、读书、旅行……

维奥莱特： 那我们现在也可以呀。

维克多利亚： 对，可是差不多的时候就不用上学了，那就可以只做想做的事。

塞莱斯特： 是，但要是你生活不好，没有家，很不幸，还不死，那不太好。

吕西亚： 我们经常说要是长生不老就好了。可实际上到一定的时候肯定没意思了。尤其是，你想一下，一个人知道怎么长生不老，那世界就被打破了，就成了一个烂摊子。这肯定不好。

宇格： 不会啊，因为总会有警察嘛。

爱丽丝： 我同意马德莱娜说的。我们知道自己会死，就会珍惜生活。我们总说死之前要好好活着。所以幸好我们是会死的！

生命有没有一种意义？

我组织过三次这个题目的哲学班。下面展示的是日内瓦"发现"小学一组九到十一岁孩子讨论的完整记录。如果说这些孩子的回答显得成熟和全面，那么一方面的原因是他们拥有比较优越的家庭环境，但主要原因是他们中的大部分都跟他们的班主任老师进行了多年的哲学班训练。训练的结果是，面对这样一个棘手的问题，孩子们的反应可以说让人非常乐观。尽管孩子们的语言还比较幼稚，但我们可以想象他们将来会是怎么样的！

本人： 生命有没有一种意义？

阿尼时： 有，生命有一种方向[1]，大家都走向死亡。

😊😊😊笑声。

爱丽丝1： 我觉得意义不是方向，而是一种价值。比方说，如果你能够帮助一个人，如果你可以给别人带来欢乐，这就是给生命带来的意义。

---

[1] 这个孩子用了一个双关语，因为法文的"意义"（sens）一词拥有众多含义，包括方向的意思。——译者注

萨尔拉：我同意爱丽丝说的价值方面的话。我觉得生命的意义，其实是说活着为了什么？生命可以教我们很多东西。

雅各布：我同意阿尼时和爱丽丝说的，方向和价值都有。可我觉得死也是生命的一部分。

韦斯纳：我呢，我觉得生命没有什么方向，但可以预测几种大方向。有的东西已经有书写了，还有算命的也能说出来。

本人：你觉得每个人都有自己的命运吗？

爱丽丝1：我不同意你说的，韦斯纳。生命还是有方向的，就是因为预先没有任何安排，我们可以选择自己生活的方式，根据我们的价值观来选择。不过，我同意阿尼时和雅各布说的，生命是走向死亡的，死也是生命的一部分。

阿德里安：我觉得有两个时刻你没法选择：你来到世界的时刻和离开世界的时刻。但在出生之后和死亡之前你是自由的。

本人：你是说没有预先设定的方向，但是每个人可以选择自己的方向？

阿德里安：对，反正开始和结束对谁都是一样的。在两者之间，每个人可以自己选择他的方向。

本人：好吧。但是两者之间，你觉得人能不能赋予生命一种意义，就是爱丽丝说的一种价值？

阿德里安：能。

本人： 那么你说，给生命一种意义是什么？

阿德里安： 帮助别人，让别人高兴，做好事。

爱丽丝2： 我觉得没法说人可以给生命一种意义。如果人家问我生命的意义是什么，我理解就是问"为什么活着"。我认为没有为什么。不然，为什么有人会饿死，可有人却因为钱太多不知怎么办。所以，我觉得没有为什么，但是每个人可以让生命有一些意义，做出某些选择，像爱丽丝说的，根据自己的价值观来做些事情。

本人： 韦斯纳，你可以继续了！你说，命运是什么？

韦斯纳： 我不知道怎么说清楚。比方说，如果你的命就是病死，但医生想方设法给你延长生命，那也没什么用，因为你的命运就是那样死去。

吉阿达： 即使你的命是得某种病死去，但要是医生能救你，比方说给你某种药延长你的生命，那还是有用的。

爱丽丝1： 阿德里安说得对，人是自由的。不过，人生可以有意义或没意义。要是你选择做有意义的事情，你的生命就有意义。要是你不做，那也没办法，你的生命就没意义。

本人： 那么，每个人可以给生命意义，或不给生命意义？

爱丽丝1： 是的，随便你。韦斯纳，我不相信人的命运是预先定好的，或者说人都有他的命。最多可以说结束的时候有，但中间都是自由的。比方说，

如果人家问我生命的意义是什么，
我理解就是问"为什么活着"。
我认为没有为什么。
不然，为什么有人会饿死，
可有人却因为钱太多不知怎么办。
所以我觉得没有为什么，
但是每个人可以让生命有一些意义，
做出某些选择，根据自己的价值观来做些事情。

—— 爱丽丝（九岁）

三、哲学班的讨论

尤利西斯这个人要回家，这可能是他的命运，但这之前他会遇到各种事情，他可以选择做这个或那个事情。

阿尼时：差不多吧。我们每个人都会死去，大家都知道结局就是这样。但我们可以选择怎么死。有人在战场上死去，这是他的选择，去打仗，这样死去。

萨尔拉：我不这么想。因为死去的方式，有的时候你可以选择，但也可能是别人选的：比如说要是在一场恐怖袭击中死去，这就是没有运气。所以说你不可能总是有选择。

玛侬：我想说几句，跟刚才爱丽丝和韦斯纳说的有关。爱丽丝说得对，人生不一定是命中注定的，因为，比如说，我坐在车上，出了车祸，也许到了医院我可能遇到一个人，后来我跟他结婚了。但要是我那天没坐车，没出门，这样的事情就不会发生。

艾拉：我也觉得，要是你相信命运，你会想，没必要努力了，医生不用费劲了，他的命就是这么死去。如果谁都相信命运，命中注定，那谁也不会尽量改变什么，或者帮助别人。

本人：那你觉得呢？

艾拉：我们有选择，没有命中注定的。

爱丽丝2：我也这么想，艾拉。韦斯纳，要是你说你得了病，反正会死的，所以什么都不要做，那就是说活着也没什么用。因此，我觉得，我们的生命中没什么是注定的，一切都靠我们。不过，当然也看每个人的信仰。可能有人信命，有人不信。谁都有自己的想法，这个问题不可能只有一个答案。

本　人：爱丽丝，你真是个哲学家！

萨尔玛：我跟玛侬想的一样。因为有的电影里，有人很穷，后来他偶然做了一个选择，出门左拐了，结果救了一个明星，然后就成了世界上最有钱的人。那如果没有做这个选择，他的生活就不会这样。所以说看人的选择。

罗伊克：我也觉得不会有命中注定。

本　人：为什么？

罗伊克：要是都注定了，比如说一个人生病了，他就觉得要死了，可后来发现了一种新药，他就能治好了，这就改变了命运。

本　人：韦斯纳，你想对大家说说命运的问题吗？你现在想法变了没有？

韦斯纳：我自己不相信运气。比如，很多人说，当明星全靠运气。可我不觉得是运气的问题，是努力的问题，也可能是命，但运气不存在。

阿什拉夫：我不同意，如果你在外面找到一块硬币，就这么碰巧找到了，你肯定不会说"我在日内瓦全城的地图上查过，所以找到了这块硬币"。你肯定说"我是凭运气找到了这块硬币"。

本人： 你觉不觉得，运气有时候也会存在呢？

韦斯纳： 不会，我不相信。

吉阿达： 很多人都特别努力想当明星，可他们都没成功。有些人没有那么努力，但就成功了。可能是因为他们认识能够帮助他们的人。这其实就是运气吧。

玛尔戈： 我同意韦斯纳，也同意阿什拉夫。要是你考试考好了，那是因为你努力学习了。可要是你在地上找到了硬币，这就是运气。

本人： 我来提个问题。爱丽丝说生命不一定有某种意义，但每个人可以给他的生命一些意义。那你们说说，你们想给自己的生命什么样的意义？

吉阿达： 我想给自己生命的第一个意义，就是玩好。

😊😊😊笑声。

萨尔玛： 我嘛，我不想给生命什么意义，我就想让该来的来，我就等着。我觉得每件大事就像一个大门，跨过去，生活就会变化。我就想跨过这些大门，然后看看我能做什么。

阿什拉夫： 我同意萨尔玛。我不想知道以后会怎么样。我觉得在这世界上很幸福。

萨尔拉： 我觉得有价值就是，比如说让世界更好，我能得到我想要的。

雅各布： 我呢，现在想当个科学家，因为我喜欢科学，

　　　　　　我也希望让别人幸福。

　　本人：　萨尔拉，你能补充一点吗？

　萨尔拉：　对，我很想做点有用的事情。我不想当个富人，自己很快乐，但是别人都很反感；我宁愿当个穷人，但能让别人快乐，让自己觉得对别人有用。

　吉阿达：　我呢，我不想对别人有用。这不是我生活的目的，我愿意玩！

😀😀😀笑声。

　　本人：　不管怎么样，我们都明白了。爱丽丝再说一句吧。

　爱丽丝2：　就是说，如果我能选择的话，我想上好的学校，做一份梦想的工作，找到真爱，幸福地生活！

什么是成功的人生？

生命的意义这个问题，也在科西嘉岛的布朗多小学一组七到八岁的孩子中讨论过。不过，我又加了这个问题：成功的人生是什么？来探讨价值观、生命伦理，还有生活的意义。

本人： 你们觉得生命有没有一种意义？

安托万1： 生命的意义，比如说，是分享。

本人： 很好，但生命的意义这是什么意思？

朱利安： 我说不清楚。

本人： 我是想让大家试着说清楚。当人们说生命有一种意义，这是什么意思？

马蒂斯： 别人对我们的好，我们也回报出去。

本人： 这也是一个例子，共同相处，回报善意，分享，等等，都是例子。但这是什么意思？

一个孩子： 交朋友。

本人： 对，但这还是一个具体的例子。

安托万2： 有意义，就是重要？

本人：那么，生命要有意义，就是找到什么最重要，对不对？

安托万2：对。

本人：大家都同意吗？让生命有意义就是确定什么最重要？

一些孩子：对。

本人：好，现在这一点清楚了，那说说你们觉得什么最重要。

安托万1：有家人。

朱利安：我刚才说了，大家一起生活。

露露：有快乐。

鲁安娜：身体好。

本人：你是说生命的意义是身体好？

泰奥：不是。一个人可能在街上流浪，不幸福，但是身体好。

纳图赖尔：我觉得，生命的意义是家庭。

本人：总的说来，你们都觉得生命的意义就是重要的东西。那"意义"这个词会不会有别的意思？

安托万1：会的，比如说我把门反过来，这就是另一个方向……

卡米耶：一句话有一个意思。

本人：对了。"一句话有一个意思"，这是什么意思？

卡米耶：就是说我们不能乱说。因为如果我们把词都弄反了，就没有意思了。

本人：把词的位置放好很重要，不然句子就没有意思。

"一句话有一个意思"就是说这句话要说明一个事情。那能不能说生命要说明一个事情？

安托万1：生命要说明的，就是要善良、慷慨，不要暴力。

马蒂斯：要幸福……

本人：要幸福！你们说呢？

朱利安：也对也不对。

本人：为什么？

朱利安：人都想幸福，想做自己喜欢做的事情，但也得认真一点儿，为别人着想。

本人：生命的意义、重要的事情、要说明的事情，就是要幸福，要快乐，也要为别人着想，要分享？

😊😊😊 **大家都说对。**

露露：其实，我有个问题，问过爸爸多次了，他总是答不上来。就是，人为什么活着？

本人（笑着）：大家有没有答案？人为什么活着？

😐😐😐 **没有回应。**

本人：我这样来提问，你们说，成功的人生是什么？为什么有时候人们说，某某的人生很成功？

安托万2：这个人活得很长。

本人：谁不同意？

托马斯：我不太同意。

本人：说说理由。你为什么觉得成功不是活得很长？

托马斯：人可能活得很长，但是经常生病。

吉阿拉：我也不同意，因为很多时候是不幸或者别的困难，让人不可能像希望的那样生活。

本人：那成功是什么？

吉阿拉：我觉得人生成功就是能做自己想做的事情，实现自己的理想。

朱利安：我觉得，就是想做什么就做什么，比如说我喜欢的职业。

安托万1：我也觉得成功是能够做我想做的职业，但也是不变坏，不变得凶暴，而是一直善良。

露露：我觉得成功是有足够的钱，可以应付开支，抚养孩子。

本人：好的，安托万，你听见了吧，你现在还觉得成功就是活得很长吗，你改主意了吗？

安托万2：我不那么想了。我觉得，成功也是对别人友善，不偷别人的东西，等等。

本人：谁还没有发言？

洛麦沙：就是跟爸爸妈妈在一起，有钱帮助困难的人。

纳图赖尔：做自己想做的事。

鲁安娜：对我来说，成功的人生就是大家所说的，最好幸运的事比不幸运的事多。

本人：你们觉得成功需要很多钱吗？

😀😀😀 **大家都说不。**

本人： 为什么？

卡米耶： 有句老话说"钱不是万能的"。

本人： 你觉得对吗？

😊😊😊 **卡米耶点头。**

本人： 为什么？

卡米耶： 我不知道。

吉阿拉： 人可以没有很多钱，但是很成功，比如说能做自己喜欢的职业。其实要幸福不需要那么多钱。

朱利安： 是的。但要是你能赚很多钱，比方说是球星，你就可以把钱捐给穷人。

露露： 要是我有很多钱，我肯定很痛苦。

本人： 为什么？

露露： 因为就像鲁安娜说的，要是有穷人没有钱，没有饭吃，可是我有很多钱什么都可以做，这肯定让我痛苦。

纳图赖尔： 我觉得一个人可能很穷，但也可以很成功，很幸福。

泰奥： 我可不想当亿万富翁，因为你一旦什么都有了，钱还有什么用呢？

托马斯： 我觉得有钱更好，但是够了就行，太多了也没有用。有的穷人没有钱，但是如果他们有饭吃，就很幸福。其实只要有正常生活的钱就行了。

第二个同主题的哲学班（先后顺序不同）是在布鲁塞尔郊外穷人区的圣查理小学举办的，孩子们的年龄在八到十一岁之间，其中不少是移民的孩子。

本人： 成功的人生是什么？

泽克利亚： 要是我们可以做自己想做的事情，人生就成功了。

玛丽耶姆： 我觉得成功就是做了很多让自己高兴的事情。

阿敏： 成功的人生对于我来说，就是当一个好人，不做坏事，帮助受苦的人，劝和争吵的人。这就是成功。

哈桑： 我不同意你，阿敏。因为好的人生，不只是做好事帮助人，而是要幸福。

本人： 那么，哈桑，你跟玛丽耶姆一样，觉得成功的人生就是幸福的人生。谁同意这个看法？或者更同意阿敏，要做好事帮助人？

玛鲁阿： 这不矛盾。其实，如果你安慰了别人，让别人和好了，别人高兴，你也会高兴！

亚当： 我觉得，成功的人生是做了自己想做的事情。

阿敏： 是的，可要是你想做坏事，然后做了，这就不好。那你的人生也没有成功。

本人： 亚当，你怎么看？

亚当： 他说得对。

哈桑： 我也同意。

本人：　有没有人不同意？谁会说"做好事还是坏事都没关系"？

☺☺☺ 没人回答。

亚当：　不行的，绝不能做坏事。

本人：　你觉得，永远不做坏事可能不可能？

亚当：　不可能。

阿敏：　人可以开始的时候做过坏事，但后来就做好事，关键是向好的方向发展。如果不是故意做的坏事，那也不太要紧，但如果是故意做坏事，那就很严重。

本人：　你说的话很重要，就是说看一个人做事的本意。如果人做了坏事，但不是出于本意，那就远远没有故意做坏事那么糟糕。

一些孩子：　是的。

玛丽耶姆：　也许有人做了坏事也不知道这是坏事，那么这也不太严重。那种知道是坏事还要故意去做，就是因为想做坏事的，才是最严重的。

本人：　你们说到的都是基本的人生道德。你们都是小哲学家呀！我来总结一下。你们说，成功的人生就是做了自己想做的事情，就是得到幸福，让别人幸福或帮助别人。还有别的吗？

玛鲁阿：　成功的人生，就比如是我们想去一个地方玩，妈妈说好的，然后就去了。

本人：　那你是说实现梦想？

萨尔玛：　对。

我觉得成功就是做了很多

让自己高兴的事情。

—— 玛丽耶姆（八岁）

亚当： 我刚才说成功就是做了自己想做的事情，其实也不对，要是什么都做了，那之后就烦了。

阿敏： 老师，我的人生成功了，因为我有爸爸和妈妈！

玛丽耶姆： 因为亲人总会和你在一起，即使不在你身边，亲人也总会帮助你。

阿敏： 对，因为有亲人就有了爱。

本人： 你们的意思是，有了爱，人生就成功了？

很多声音： 对。

本人： 有没有谁觉得不一定？

哈桑： 有时候对，有时候不对。

本人： 你想说什么？

哈桑： 有时候，有的家庭很爱他们的孩子，有的家庭不爱他们的孩子。有的妈妈不想要孩子。

本人： 你的意思是家庭不一定有爱？

😊😊😊**哈桑点点头。**

本人： 那你觉得爱很重要吗？

哈桑： 是的。

玛丽耶姆： 如果人生有爱，这很好，但如果没有爱……那也没关系，可能还会被人领养呢……可能领养的父母也会有爱。

阿敏： 有的养父母不爱孩子，那孩子就要做好事，这样他们就会喜欢他，可能后来就有了爱。

本人： 除了爱以外，还有别的成功的因素吗？

玛鲁阿： 有朋友。如果没有朋友，就很孤单，很难过。有朋友就很幸福。

本人： 那么另外一个问题，不太一样的问题是：你们说，生命有没有一种意义？

玛丽耶姆： 我觉得有，不过我不会解释。

阿敏： 生命有一种意义，要不然活着干什么？

😊😊😊笑声。

莱恩： 要是生命没有意义，人就不会活着。

阿尤布： 我觉得人生有一种意义，因为有时候我们得不到本来想要的，但会得到更好的。人生中总是有第二次机会。

亚当： 我不知道是不是每个人的生命都有一种意义。因为要是一个人太穷，他就没有意义，他什么都做不了，就在街上流浪。

玛鲁阿： 是啊，有时候有意义，有时候没有吧。一个人如果很难过，生命就没有意义。

本人： 如果我们有朋友，有家庭，有亲戚，有人分享，那生命就有意义，不然就没有意义。人幸福的时候生命就有意义。

本人： 那谁觉得生命有一个方向？

阿尤布： 对啊。

本人： 为什么，阿尤布？

阿尤布： 我们可以选择自己想做的。

阿敏： 对！意义就是我们想做的事情。比方说，我长大的时候，就想争取让世界不再有战争。

玛丽耶姆： 是的，我们可以选择做什么事情，我们可以自由选择自己想做的，别人不能阻止，只是小的时候大人可以阻止。

阿敏： 我不同意。自由不是什么都能做，因为你可能会做坏事。

本人： 那么自由的边界是什么，是在尊重别人的前提下？

阿敏： 对。

亚当： 不对，朋友其实没那么重要。

本人： 为什么？

亚当： 因为我们有兄弟姐妹，就跟朋友一样的，而且我们更爱他们。

本人： 你们觉得呢？谁还没有发言？

奥梅尔： 有朋友很重要，不然你长大了就很孤单，一个人就会很烦。

阿尤布： 我觉得亚当说得有点儿道理。因为兄弟姐妹长大以后，我们也会成家，有孩子。所以最重要的是有家庭。

本人： 那是不是说，你们觉得要想有成功的人生，就得成家？

阿敏： 不一定，因为斯特凡尼老师说过，我们可以自由选择结婚还是不结婚。

成功的人生对于我来说，
就是当一个好人，不做坏事，
帮助受苦的人，劝和争吵的人。
这就是成功。

—— 阿敏（九岁）

玛鲁阿： 我觉得即使不结婚也可能成功，因为反正有兄弟姐妹、侄子外甥，不会孤单的。

本人： 你们说了不少爱和家庭方面的事情，你们觉得成功必须是赚很多钱吗？

😊😊😊 **大家都说不是。**

本人： 谁都不认为钱对于成功的人生很重要吗？

哈桑： 重要的，需要买吃的，付账单，给朋友送礼物，带孩子玩。但是用不着太多。

阿尤布： 如果有很多钱的话，可以送给穷人。

玛鲁阿： 我要是有很多钱，就把一半送给穷人。

阿敏： 贫穷国家里幸福的人比富裕国家的多。

本人： 为什么？

阿敏： 如果钱太多了，就会买很多东西，可能开始很高兴，但很快就会厌烦，然后就不高兴了……如果是没有钱的人，他们就很有耐心，等哪一天终于得到了想要的东西，他们就特别快乐。

萨尔玛： 最好是钱不太多也不太少。

玛鲁阿： 差不多就行……

阿尤布： 我不同意萨尔玛说的，因为如果我们有很多钱，就可以给穷人更多，帮助更多的人。

本人： 你觉得那些钱很多很多的人，应该把他们大部分的钱给穷人吗？

阿尤布： 不会，因为他们只在乎自己。

四、十九个可以和孩子讨论的哲学问题

爱 / 130　　金钱 / 133

艺术 / 136　　他人 / 139

美 / 142　　幸福 / 145

形体与精神 / 148　　欲望 / 151

义务 / 154　　情绪 / 157

人 / 160　　自由 / 163

道德 / 166　　死亡 / 169

社会 / 172　　时间 / 175

工作 / 178　　真理 / 181

暴力 / 184

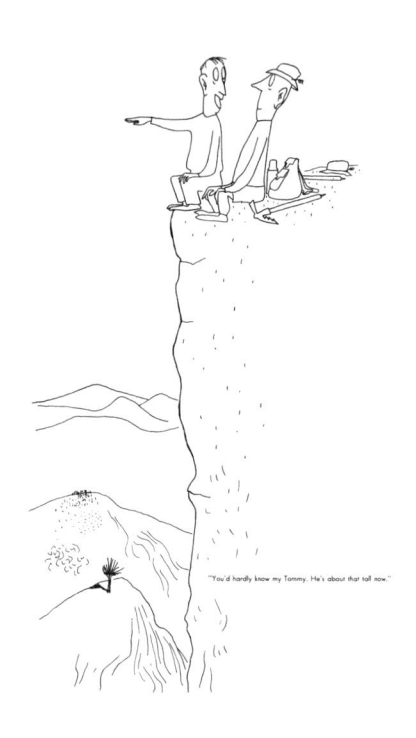

"You'd hardly know my Tommy. He's about that tall now."

在现场记录之后，我总结出十九个可以与孩子讨论的重要概念，推荐了相关的名言、问题、参考书和电影，供组织哲学班的教育工作者参考。

> 爱

我们的幸运与不幸都取决于一点：爱把我们和什么类型的东西联系在一起。

——斯宾诺莎《伦理》

问题

"我爱你"这句话是什么意思？爱父母、爱朋友、爱恋人之间有什么区别？我能不能爱所有人？爱是不是需要选择？爱是情绪，是情感，是想法，还是行动？

反面

◎ 恨：得不到爱而产生的情感，或是因为爱消失、因爱失望产生的情感。

例子：因为朋友背叛我，我憎恨这个朋友。

词源

来自拉丁语 amor，意为亲近或者爱欲。

主要定义

爱是一种深层的情感，一种具有多种层面的密切关系，包括亲近、柔情和身体的吸引。

分类

◎ **厄洛斯**[1]：肉体欲望——我爱我缺少的部分，我依赖这个，这是激情、挑选的爱。

例子：柏拉图说，两个爱人本身是一个整体，是宙斯把他们分开，而爱把他们重新融合。

◎ **友爱—友谊**：两个人之间相互的欣赏；这是快乐，是心仪。

例子：亚里士多德说，友谊是一种有德的爱，使朋友像一面镜子，可以发现自己，找到幸福。

◎ **纯爱—对邻人的爱**：我爱人类，慈悲的爱，普遍的爱。

例子：耶稣说，对人类的爱不区分朋友和敌人；我们不选择爱谁，爱邻人就像爱自己。

---

[1] 厄洛斯（古希腊语：Ἔρως，英语：Eros）：古希腊神话中的爱神，在古希腊神话中是爱与情欲的象征。他的罗马名字是丘比特。——编者注

名句及思考

我们不具有的，我们不能成为的，我们所缺少的，就是我们的欲望和爱的对象。（柏拉图《会饮篇》）

如果说爱是我们所缺的，那爱是否可以填补我们的期待？我们能否占有爱的对象，就像占有一件物体？如果说爱是依赖，爱是否可以让我们幸福？

爱，就是愉悦。（亚里士多德《尼各马科伦理学》）

爱对我们有什么好处？爱自己是不是自私？如果我不爱自己，别人会爱我吗？如果自己没有被爱过，我会爱别人吗？

爱是一种无条件的接受，完全的开放，爱对方的真实状态，期待对方最好的一面。（法布里斯·米达尔《真实的爱》）

想改变对方是爱吗？我们能否接受被爱的人的一切？没有理由的爱能否存在？

推荐参考

- **书籍**：《会饮篇》，柏拉图；《尼各马科伦理学》，亚里士多德；《罗密欧与朱丽叶》，莎士比亚；《生命不能承受之轻》，米兰·昆德拉；《爱与孤独》，克里希那穆提
- **电影**：《祖与占》，弗朗索瓦·特吕弗；《暖暖内含光》，米歇尔·贡德里；《爱》，迈克尔·哈内克
- **动漫**：《遥远的小镇》，谷口治郎

金钱

金钱是好仆人，坏主人。

—— 弗朗西斯·培根

问题

金钱是什么？金钱有什么用？金钱是手段还是目的？应该花钱还是攒钱？金钱有没有价值？金钱为什么是一种约定俗成的东西？

反义

◎ **免费**：不需要花钱的，不要求报酬的东西。

例子：义务教育是免费的，上学不需要交钱。

区别于

◎ **交换**：同等价值的实物交换，服务互换，不使用货币。

例子：人们用有用的东西换取另外一些有用的东西，比如用麦子换酒。

◎ **赠送**：把自己拥有的东西送给别人；赠送可以是完全不要回报的，也可以是期待回赠的，是人与人之间交往的方式。

例子：赠送礼物是慷慨的行为，但是即便是露出微笑，其实不也是期待对方的微笑吗？

词源

来自拉丁语的argentum，一种闪光的珍贵金属。

主要定义

金钱是一种普遍的衡量手段，用于物品和服务的交换。金钱便于发展商业，可以确定价格，即用货币来衡量物品、知识或技能的价值。

名句及思考

我很丑，但我可以买到最美的女人。所以我不丑，因为丑陋的效果，使人厌恶的那种效力，被金钱抹掉了。（卡尔·马克思《1844年经济学哲学手稿》）

金钱是不是万能的？金钱是不是使人强势？金钱可以买到一切吗？时间是不是金钱？金钱怎么能够扭曲人与人之间的关系？

尽管富人不这么看，但金钱足以让穷人幸福；尽管穷人想象不到，但金钱不足以给富人带来幸福。（让·端木松《那时很好》）

金钱能带来幸福吗？金钱让人自私吗？金钱是不是一个不幸的东西？

爱钱的人永远不会觉得钱够了。（《传道书》）

爱钱是不是有问题？人会不会成为金钱的奴隶？多少钱是不是都应该去拿？喜欢攒钱会不会让人变得不诚实？"金钱是没有味道的"这句话怎么理解？什么是"脏钱"？

推荐参考

◎ 书籍：《悭吝鬼》，莫里哀；《圣诞颂歌》，狄更斯；《货币哲学》，西梅尔；《礼物》，马塞尔·莫斯
◎ 电影：《华尔街之狼》，马丁·斯科塞斯；《圣诞夜怪谭》，泽米吉斯
◎ 剧集：《辛普森一家》，大卫·西尔弗曼 / 布拉德·伯德
◎ 动漫：《毁坏》，布兰吉诺/萨尔基奥纳/皮埃利

艺术

所有的艺术都是镜子,人在其中能够看到或者发现自己身上原本不了解的某些部分。

—— 阿兰《关于美术的二十课》

问题

艺术品是什么?艺术有没有目标?艺术只是用于装饰的吗?艺术家是什么?艺术家和工匠有何区别?

反义

- **大自然:** 各种生命和物体的总和,组成宇宙的实体世界。没有被人类改变的一切。

  例子: 原始森林里的树是没有被人类改造过的;相反,一幅画中的树表现的是画家对树的一种主观的视觉。

- **科学:** 人通过事实或试验,在获取客观结果的基础上进行验证的知识。

例子：物理学研究大自然；社会学解释人类行为。

区别于

◎ **工艺**：运用制造技术和特殊规则的某些技能，目标非常具体。使用手工，产品有具体的实用价值。

例子：糕点师运用工艺，制作糕点，有食用价值，让人享受，也是谋生手段。

词源

拉丁语的ars，指技能，这个词根出现在艺术家和工匠（工艺师）两个词中。

主要定义

艺术是一项人类活动，用灵感、熟练的技能、对原材料的加工等步骤进行创作。

名句及思考

艺术不是对一个美丽事物的展示，而是对一个事物的美丽进行展示。（康德《判断力批判》）

艺术是不是应该是美的？是不是应该有用？能有什么用？

艺术不产生可见的东西，而是让人看到不可见的东西。（保罗·克利《创作者的信条》）

艺术是不是应该模仿大自然？艺术是不是让我们看到世界之美？艺术是不是让我们更好地理解世界？艺术是不是让我们变得更好？

艺术是完美的自由之地。（安德雷·苏亚雷斯）

艺术是抄袭还是发明？艺术家是受限制的还是完全自由的？一切都可以是艺术吗？

推荐参考

- **书籍**：《判断力批判》，康德；《美学》，黑格尔；《作为意志和表象的世界》，叔本华；《致提奥的信》，凡·高；《乔纳斯，正在工作的艺术家》，加缪
- **电影**：《莫扎特》，福尔曼；《画幅》（少儿影片），拉吉奥尼；《地球之盐》，文德斯/萨尔加多
- **剧集**：《达·芬奇的恶魔》，高耶
- **动漫**：《莱奥纳德，每时每刻的天才》，德格鲁特/图尔克

他人

他人，我世界的重心，最可靠的壁垒，是我们的兄弟，我们的邻居，我们的朋友或者我们的敌人，反正是某个人，天哪，某个人！

——米歇尔·图尼埃《礼拜五：太平洋上的灵薄狱》

问题

谁是他人？他人像我一样吗？我跟他人有何区别？对于他人来说我是什么？我们能了解他人什么？

反义

- **我**："我"是特殊的主体，是我独有的经历、自身的生活、自己的优点和缺点，以及特殊爱好的总和。

  例子：我，名叫萨玛塔，九岁，住在蒙彼利埃，等等。

包括

- **不同的**：与我不同的。人类的整体。是不是还有那些有感知的动物？

例子：我的父母，我的朋友、邻居、陌生人。

◎ **同样的：** 他人跟我是同类的，很像我；尽管我跟他有不同，我们都有很多共性，属于人类。

例子：他人和我都有一张脸，即使我们语言不同，我们可以微笑，或者可以互相做个鬼脸。

词源

来自拉丁语的alter，意思是别人；别人不是我。

主要定义

他人是alter ego，"另一个我"。Alter，是别人，因为有不同，这种他者就意味着理解上有困难。Ego，就是另一个"我"，或者"你"。他人和我生活在同一个世界上，我们是联系在一起的。

名句及思考

你希望别人如何对待自己，你就如何对待他人，这句话引出来下一句话，更为重要的一句：把你的快乐尽可能地建立在不使别人痛苦的基础上。（卢梭《论人类不平等的起源》）

他人是不是肯定想要我所想要的？我能不能了解他人想要什么？

在对话中，他人和我之间会形成一个共同的空间，我的思想与

他的思想成为一体，既不属于他，也不属于我。（梅尔洛·庞蒂《知觉现象学》）

为什么与他人对话是有意思的？对话是否可以让我们了解他人？跟他人谈话过程中我的想法会不会改变？

他人是我与我自己之间不可缺少的中间人。（萨特《存在与虚无》）

推荐参考

◎ 书籍：《论人类不平等的起源》，卢梭；《密室》，萨特；《安德的游戏》和《死者代言人》，奥森·斯科特·卡德
◎ 电影：《象人》，大卫·林奇；《风中奇缘》，迈克·加布里尔 / 埃里克·古德伯格

美

美,是一个真正的谜,比灵魂的谜有趣得多。

—— 克里斯蒂安·波宾《低处》

问题

美是什么?美是否重要?有没有可能让所有人都觉得美?味道和颜色有没有共识?

反义

- **丑陋:** 令人厌恶、反感,甚至恶心的,不美的事物。
  例子:童话故事或者电影里,魔鬼都很丑陋,让人害怕,让人讨厌。

区别于

- **实用的:** 我们可以使用的有效的、方便的事物。
  例子:手表是用来看时间的。

◎ **令人愉悦的**：吸引人的，让人欣赏的，使人比较高兴的事物。
例子：喝一杯橙汁是令人愉悦的。

词源

来自拉丁语bellus，可爱的、迷人的、好看的、细腻的东西。

主要定义

美是让人喜欢的，让人崇敬的，让人愉快的，使我们能够产生一种审美的情绪，一种精神上的满足，是一种触动，使我们渴望与别人分享。

名句及思考

美，和真一样，与我们存在的时间有关，与能够感受的人有关。（古斯塔夫·库尔贝）

我们能否制定客观标准来衡量美？美是不是取决于我们的主观看法、我们的经历或者文化？

美存在于观察者的眼中。（奥斯卡·王尔德）

是不是别人的目光使我们变美了？他人的美对我们是一种快乐还是一种痛苦？美是自然的恩赐还是意愿的产物？

真正的质朴把善与美结合在一起。（柏拉图《理想国》）

美有无意义？一个美丽的人是不是肯定是好人？世界的美，风景的美，一幅画的美，这些重要吗？

> **推荐参考**
>
> ◎ **书籍：**《道林·格雷的画像》，王尔德；《盗美者》，布鲁克纳；《美的五次沉思》，程抱一
> ◎ **电影：**《美国丽人》，山姆·门德斯；《美女与野兽》，特鲁茨代尔/维斯
> ◎ **动漫：**《日常抗争》，拉尔斯内

幸福

幸福地生活，这是每个人都想要的，但是要问他幸福的生活是什么，那就谁也不知道了。

——塞涅卡

问题

什么是幸福？幸福是不是对于每个人都不一样？幸福是不是可以得到的？幸福来自我们的基因还是来自我们的感觉？幸福来自外部事件吗？来自我们对自己和对世界的看法吗？来自我们的选择吗？

反义

◎ **不幸**：深层的不满足状态，令人难受的状态，对人影响很大。
例子：如果一个孩子的父母因车祸身亡，这个孩子非常不幸。

区别于

◎ **愉快**：因填补了某种需要、欲望或匮乏而达到的感官上的满足，短暂的满足。

例子：在大热天跑步之后喝一杯水是让人非常愉快的事。原来我很渴（有需要），现在我喝水（满足需要）。

◎ 快乐：一种高兴的感觉，一段时间内的高兴情绪，来自某种得利的条件或积极的事件产生的满足感。

例子：我考试成绩好，我很快乐。

词源

幸福与"幸"有关，有幸运、偶然的意思。

主要定义

幸福是一种长时间的总体上的满足感。

名句及思考

幸福离开时我理解了它。（普雷维尔）

我们能感到幸福吗？是不是需要不幸的经历才能感受幸福？幸福是不是某种怀旧？我们为什么现在不幸福？

这就是为什么我们说幸福生活以乐趣开始，也以乐趣结束。（伊壁鸠鲁《致梅瑙凯的信》）

愉快是不是就是幸福？是不是幸福人生不一定感到愉快？一种充满愉快的生活是不是幸福的？要想幸福，是不是必须适可而止？

> 一只燕子并不能带来春天，一个晴天也不构成春天；因此幸福也不是一日之功，或一时之善。（亚里士多德《尼各马科伦理学》）

我们什么时候可以说"我很幸福"？是否应该追求更多的幸福？是否在任何条件下都可以幸福？独自一人是否可以幸福？

推荐参考

- **书籍**：《尼各马科伦理学》，亚里士多德；《致梅瑙凯的信》，伊壁鸠鲁；《论幸福》，阿兰；《幸福，一次哲学之旅》，弗雷德里克·勒诺瓦
- **电影**：《天使爱美丽》，让-皮埃尔·热内；《森林王子》，雷瑟曼
- **动漫**：《齐亚·弗洛拉》，帕洛努齐/金达

形体与精神

灵魂与身体，身体与灵魂，多么神秘的组合！……谁能告诉我肉体的驱动到哪为止，心灵的驱动从哪开始？……精神与物质的分离非常神奇，但精神与物质的联合也非常神奇。

——奥斯卡·王尔德《道林格雷的画像》

问题

形体是什么？灵魂或者精神又是什么？形体产出什么？精神产出什么？形体和精神是不是不一样的事物？

反义

◎ **无机物**：无机物是自然界的固体物质，无机的。

例子：岩石是没有生命的无机物。

区别于

◎ **意识**：认识自己的情绪、情感、思想和行为的能力。两种形式的意识：自发的意识，是向外的；反省的意识，是对自身进行思考的能力。

例子：良心不安，就是认为自己行为不佳而自责。

词源

形体corps来自拉丁语corpus，即一个物理成分，有生命的或无生命的；精神esprit来自拉丁语spiritus，意味着呼吸。

主要定义

形体是一个存在的物质，一种有机物质，由躯体和脏器组成；是可触摸的，是不断变化的，存在期较短暂。精神是不可触摸的，是与思想和思维相连的。形体是物理层面的，精神是形而上的，即物理层面之上的。

名句及思考

身体的病痛是灵魂的语言。因此，不去治愈灵魂就不能治愈身体。（柏拉图）

如果我对自己的身体感觉不好，我能不能心智健康？如果我心智不健康，我的身体会感觉好吗？人们常说身体会对你说话，这是什么意思？

形体不能超越精神存在，但精神不需要形体。（伊拉斯谟）

形体是存在的，但精神存在吗？形体能够脱离精神存在吗？是不是只有人类有精神？精神是个人生命层面的还是普世层面的？

我们不仅仅是形体，或仅仅是精神；我们是形体与精神的组合。（乔治桑《我的人生故事》）

形体与精神是分离的还是结合在一起的？ 精神是形体的掌舵人吗？形体会影响精神吗？我们能否了解？

推荐参考

- 书籍：《斐多篇》，柏拉图；《论灵魂》，亚里士多德；《第一哲学沉思集》，笛卡尔；《伦理学》，斯宾诺莎；《灵魂的重担》，罗曼·加里
- 电影：《星球大战》，卢卡斯；《深海长眠》，亚梅涅巴；《双面劳伦丝》，杜蓝；《她》，斯派克·琼斯；《I之源》，麦克·卡希尔
- 动漫：《火影忍者》，岸本齐史

欲望

无欲者不幸福。

——《朱莉或新爱洛伊丝》

问题

欲求是什么意思？欲求会不会让人幸福？我们是不是能够自由地欲求？能否选择自己的欲望？我们的欲望会不会改变？我们能不能无欲无求？

完全不同于

- **快乐**：一种即刻的满足，快速的满意。
  例子：炎热的夏天，我吃一个雪糕就很快乐。

区别于

- **需要**：对生存来说必要的东西。人必须满足，是身体必需的。

例子：要活着就需要喝水，需要睡眠。
◎ **意愿：** 一种自觉并强烈表达的愿望，目的是达到一个长期的目标，而短期的失败并不能阻挡目标。

例子：我为了考上大学，自愿在家里复习，不跟朋友出去玩。

词源

是拉丁语中de（意思是没有某种东西）和sidus（意思是星星）的组合。字面的意思是，想念流失的星星，也就是设法得到一个想要的东西。

主要定义

欲望是一种有意识的张力，目的是实现某种满足，而实现这种满足的途径是获得一个自己认为或已经知道能够带来满足的事物。每个人的欲望都不一样。

名句及思考

我们不具有的，我们不是的，我们缺乏的，这就是我们的欲望和爱之所在。（柏拉图《会饮篇》）

我对某种东西有欲望时，这是缺乏还是多余？我能不能满足所有欲望？我会不会成为欲望的奴隶？我能不能对已经拥有的东西有欲望？

生活在摇摆，像是一个钟，从右向左，从痛苦到烦闷。（叔本华

《作为意志和表象的世界》)

追随自己的欲望能不能让我们幸福？对欲望的满足令人满意吗？我应该克制欲望吗？我如何能控制欲望？

如果我们断定某个东西是好东西，我们就对它没有兴趣，没有欲望；然而，正是因为我们对某个东西有欲望，才会断定它是好的。（斯宾诺莎《伦理学》）

我是否了解自己的欲望？我们面对自己的欲望是自由的还是依赖的？我的欲望是不是跟别人的欲望有关？欲望是不是让我实现自我？

推荐参考

- 书籍：《会饮篇》，柏拉图；《伦理学》，斯宾诺莎；《唐璜》，莫里哀；《人间食粮》，纪德
- 电影：《玩具总动员》，约翰·拉斯特；《查理和巧克力工厂》，蒂姆·波顿
- 剧集：《都铎王朝》，赫斯特
- 动漫：《萨菲亚的马拉松》，凯拉-古约/韦尔蒂埃

义务

义务是一系列的接受。

——维克多·雨果《海上劳工》

问题

我应该做什么？我作为一个人有什么义务？动物有没有义务？为什么说承担义务就是自由？

反义

◎ **必要：** 维持生命必需的，不可缺少的，重要的，必须满足的需要。
例子：睡眠是必要的，不管你有没有这个欲望。

区别于

◎ **强迫：** 是外部强加的，是命令，是法律，哪怕是自己不愿接受的也必须遵守的。强迫可能是以武力来实现的。
例子：我们开车时，必须在红灯时停车，即使街上没有人，即使我们很急也不能违反，因为法律是必须遵守的，如果不遵守就会被惩罚。

◎ **约束：**对自己的约束，也就是自己要求自己必须做的，是自主的决定，自己自觉执行。
例子：即便我很疲惫，我还是要去上钢琴课。

词源

拉丁语的debere，即应该的。

主要定义

义务是我们必须遵守的限制或必须做的行为，是由于道德原因、社会原因、法律、职业或个人原因，应该遵守的行为。

名句及思考

义务的总和就是己所不欲勿施于人。（《摩诃婆罗多》）
服从义务是不是必要的？我为什么不能对别人想怎样就怎样？我有义务保护别人吗？

义务是爱自己应该做的事。（歌德）
当我们说"我尽了义务"时，这意味着什么？我可以喜欢我应该做的事吗？爱自己应该做的事，这是一种强迫还是约束？

服从义务就是抵抗自身。（柏格森《道德与宗教的两个起源》）

服从义务,难道不是服从自己吗?尽义务是一种牺牲吗?服从义务有无危险?应不应该限定义务的范围?

推荐参考

- **书籍:**《道德形而上学》,康德;《道德与宗教的两个起源》,柏格森;《艾希曼在耶路撒冷》,阿伦特
- **电影:**《蝙蝠侠》,克里斯多夫·诺兰;《蚁哥正传》,埃里克·达尼尔
- **剧集:**《24》,苏诺/科隆
- **动漫:**《凯文的幻虎世界》,沃特森

情绪

别忘了平时的小情绪就是我们生活的大主宰，我们就这样不知不觉地跟着它走。

——凡·高《致提奥的信》

问题

什么是情绪？人类的情绪有哪些？情绪能反映我们的什么？情绪是信号吗？能不能说有正面情绪或者负面情绪？情绪与情感有何区别？我们能控制自己的情绪吗？

反义

◎ **理智**：衡量，了解，判断真假，决定如何行动的能力。

例子：善于运用理智可以让我们懂事，就是说适度地行动；讲理，也就是按照一定的逻辑和思路来想问题。

区别于

◎ **情感：**对外部的人或事物的一种长期稳定的情绪的表达。
例子：友谊是一种稳定的情感，而不是短暂的情绪。

词源

来自拉丁语的 movere，意思是不停地动。

主要定义

情绪是一种强烈的意识状态，通常由意外事件引起，表现为一种情感的爆发。恐惧、喜悦、悲伤、愤怒和羞耻等情绪可能导致一系列生理反应，如喉咙发紧、心跳加速、面部潮红以及昏厥。情绪可以随时间变化并持续存在，最终转变为情感或激情。

名句及思考

情绪是一种快乐或不快乐的感受，它不允许主体思考。被情绪所控的精神停留在印象层面，无法主导自己。（康德《实用人类学》）

为什么说情绪是一种打击？为什么情绪会控制我们？我们能不能没有情绪？怎么管理我们的情绪？

情绪很难用言语表达。（雨果《死刑犯的最后一天》）

什么是"无话可说"的状态？我们需要什么都说吗？语言能准确表达情绪吗？

激情一定是与某些错误的判断相伴的,所以总是不理智的;可以说不是激情本身不理智,而是判断不理智。(休谟《人性论》)

为什么说情绪是自我的表达?我们能不能对自己的情绪进行评判?

推荐参考

- 书籍:《灵魂的激情》,笛卡尔;《一个世纪儿的忏悔》,缪塞;《局外人》,加缪;《情绪理论初探》,萨特;《我们与生俱来的七情》,弗朗索瓦·勒洛尔/克里斯托弗·安德烈
- 电影:《欲望号街车》,伊利亚·卡赞;《飞越疯人院》,米洛斯·福尔曼;《头脑特工队》,彼特·道格特
- 动漫:《晴朗的天空》,谷口治郎

> 人

人不是生而为人，而是教养之始为人。

——伊拉斯谟

问题

人是什么？人是不是跟别的动物一样？人是大自然中特殊的动物吗？人类在历史上有没有发生变化？

反义

- **机器**：一种工具或仪器，能够在人工操作下甚至较为自动地完成某些工作。

  例子：汽车与飞机都是机器，便利了人的移动。

- **植物**：有生命的物体，固定于土地上，具有与动物不同的感知能力，汲取矿物质和二氧化碳中的养分。

  例子：植物利用花朵来进行繁殖。

组成

◎ **动物成分**：活物，会动，有感知，能够行走，根据本能行动或者有一定智力水平。

例子：试验证明，大象和喜鹊能够在镜子面前认出自己。

◎ **大自然**：大自然包括所有的无机物、植物和动物，人类也在其中。大自然的特点是通过基因遗传。从出生起，某些行为就固定了，我们称为天生的行为。

例子：大自然中，小乌龟生来就会游泳，能够找到海洋；而一个婴儿却无法靠自己生存。

◎ **文化**：通过教育得来，在一个共同体内世代相传。文化使人类转变。因而，人生下来是未"成人"的，他必须学习风俗、信仰，以及不同时代、不同地域的生活方式。

词源

拉丁语的homo，即人，人类。

主要定义

人是灵长类动物中的一类。人的特性很难定义，因为很多动物都会使用工具，有的动物也拥有某种语言。人类具有理智，语言发达，能够进行反省，抽象思维，有某种精神追求。

名句及思考

人就是他自己造的。(萨特《存在主义是一种人文主义》)

人如何成为人？人会不会做出非人的行为？能否说这是他的本性？

因愤怒而吼叫，因爱而亲吻，并不比称桌子为桌子更自然，或是不需要教。……对人来说无法分辨出有一层自然的行为，还有一层文化精神层面的加工的世界。人的一切行为都既是自然的，也是加工的。(梅尔洛-庞蒂《知觉现象学》)

为什么说人类是"自然"的？为什么说人类是"文化"的？哭泣是不是一种女性的态度？文化是不是会去除人性？

人类跟任何活的生物一样，是预定基因，但预定必须学习。……不断更新的知识是生存过程中与周围环境互动得来的。(弗朗索瓦·雅各布《各种可能性的游戏》)

人会变吗？自然环境和家庭与文化环境如何能塑造人？人如何改变他的行为？

推荐参考

- 书籍：《人性的，太人性的》，尼采；《存在主义是一种人文主义》，萨特
- 电影：《疯狂进化人》，贾梅尔·杜布兹；《火之战》，让-雅克·阿诺；《阿达玛》，西蒙·鲁比
- 剧集：《真实的人类》，琪娜·木杨

自由

> 服从人们自己为自己制定的法律,为自由。
>
> ——卢梭《社会契约论》

问题

我可不可以像空气一样自由?自由是不是想做什么就做什么?自由是不是完全没有限制?

反义

◎ **奴役**:一个人丧失自主权,被某种权力或者上级完全控制。
例子:奴隶是无法自由选择的人,他被主人操控,犹如主人的附属品。

区别于

◎ **一切许可**:过度的自由。认为什么都可以做,并没有任何约束,没有任何内部或外部的障碍。

例子：孩子想玩，不想睡觉，于是哭闹想达到目的。

◎ **天注定：** 没有自由。认为一切思想和行动都是必然的，是某种因素使我们必然如此的。

例子：斯宾诺莎举的例子是一块石头随着外界的运动而滚动。

词源

拉丁语liber，非奴隶的人。

主要定义

自由是既非囚徒，也非奴隶，享有行动自由、言论自由、思想自由，不受约束，但尊重他人的自由；也是自主权，即由自身决定行为标准的能力。

名句及思考

即使是最软弱的灵魂也能够因激情获得一个绝对的世界。（笛卡尔《论灵魂的激情》）

我们是不是总能自由地说出自己所想的？自由是不是服从理智的？服从法律是不是与自由相反的？选择是不是放弃？

人以为自己是自由的，唯一的原因是他们对自己的行为是有意识的，而对他们为什么这样做的原因一无所知。（斯宾诺莎《致舒勒

的信》)

我是不是可以自由地害怕或口渴？无知者是自由的吗？我们能否从注定的因素中解脱出来？了解注定我们行为的原因是不是可以使我们自由？

人被判处自由。(萨特《存在主义是一种人文主义》)

为什么做自由人这么难？我们是不是必须选择？自由能不能脱离责任存在？是不是自己阻止自己？我们能学会成为自由人吗？

推荐参考

- 书籍：《高尔吉亚篇》，柏拉图；《论灵魂的激情》，笛卡尔；《卡利古拉》，加缪；《存在主义是一种人文主义》，萨特
- 电影：《千钧一发》，安德鲁·尼可；《少数派报告》，斯皮尔伯格；《马达加斯加》，埃里克·达尼尔；《盒子》，理查德·克里；《超能失控》，乔什·特兰克
- 剧集：《昭雪》，雷·迈克金农
- 动漫：《莎拉兹德》，塞尔吉奥·托皮

道德

良心！良心！是对善与恶永不松懈的判官。但是这个向导的存在还不够，我们得去认识良心，听从良心。

——卢梭《爱弥儿》

问题

我应该怎么做？如何给自己照亮路途，指引路途？我们做好事是因为怕法律惩罚，还是因为谨慎？我自己不喜欢的事也不能给别人做吗？

反义

- **无视道德**：无道德规范。行动时不遵守善恶标准。
  例子：猫吃掉小鸟的时候，我们不能说猫是不对的，因为它是没有道德标准的，是本能的行为，它不知道给小鸟带来的后果。

- **反道德**：与法律、与善作对的行为，是恶。
  例子：我们认为撒谎是反道德的。

区别于

◎ **伦理**：现在一般用来指一种务实的明智，在复杂情况之下做出的明智选择。

例子：撒谎是不好的；而面对一个罪犯撒谎从而保护一个可能被害的人并非不好的事情。

词源

拉丁语的mores，即道德规范。

主要定义

道德是适用于某一群体或社会的一整套行为规范。道德代表着一种对善恶的理论上的解释，从价值判断角度规定了人们应该遵守的准则，或是不能接受的行为。

名句及思考

如果大家都知道了我们做事的动机，我们恐怕会为自己做的好事感到羞耻。（弗朗索瓦·德·拉罗什富科）

我们为什么要做好事？是必须的吗？我做的好事没有别的动机吗？

同一件事可能既是好的也是不好的，甚至是无所谓好坏的。比如说音乐，对于一个忧郁的人，正在为自己的痛苦而哭泣的时候，就是好的；而对于一个听力障碍者，就无所谓好坏。（斯宾诺莎《伦

理学》）

道德从哪里来？我们能否知道什么是绝对的好或绝对的坏？向善是否足以让你有道德？道德是不是可以不需要榜样？为什么给他人讲道德？

享受并让别人享受，不伤害自己也不伤害别人，我认为这就是道德。（尼古拉·德·尚福尔《警句与思考》）

让我愉快的事情都是好的吗？我一个人能不能得到快乐？我对自己可能带来的伤害有意识吗？我是不是主动地做坏人？道德的目标难道不是幸福？

推荐参考

◎ **书籍：**《尼各马科伦理学》，亚里士多德；《道德的谱系》，尼采；《道德与宗教的两个来源》，柏格森；《正义者》，加缪

◎ **电影：**《匹诺曹》，汉密尔顿；《魔鬼代言人》，海克福德；《叽哩古和女巫》，奥司洛；《魔戒三部曲》，彼得·杰克逊；《黑暗之后》，休德尔斯

死亡

死亡是没有意义的,却给生命带来了意义。

——弗拉基米尔·扬克列维奇《死亡》

问题

死亡是什么?是生命的终结吗?是另一个生命的开始?是虚无还是重生?是一个阶段,还是一个步骤?有生死好还是长生不老好?

反义

◎ **出生**:一个生命脱离母体,成为独立的存在。
  例子:哺乳动物的幼崽出生后需要与同类在一起成长。

◎ **长生不老**:生存状态长期存在甚至永恒存在。
  例子:传说中的吸血鬼就是不死的,不受时间的限制。

区别于

◎ **生命**：即存在，参与各种生物现象，包括呼吸、喝水、吃饭、繁殖等。

例子：睡觉时，我的身体处于休息状态，而我继续生存，因为我在呼吸，我的心脏在跳动，尽管我并没有感觉。

◎ **衰老**：生命的最后阶段，各种生理和智力功能走向衰落，标志一个生命逐渐趋向死亡。

例子：非洲有句谚语是"一个老人死去就像一本书被烧毁"，因为一系列的知识和经验将随他消失。

词源

拉丁语的mors，生命停止。

主要定义

死亡依旧是超越形体的生存秘密，因此我们只能给出一种形体层面的定义，即生命的一种完全彻底地停止和结束。

名句及思考

哲思就是学会死亡。（柏拉图《斐多篇》）
死亡令人害怕吗？是不是应该无视死亡？死亡有意义吗？

自由的人对任何问题的思考都不比对死亡的思考少，他的智慧

不是对死亡的思索，而是对生命的思索。（斯宾诺莎《伦理学》）

思考死亡是不是教我们生活？没有死亡，还会有道德吗？是我们自己的死亡还是别人的死亡更让我们悲伤？

死亡对我们没有意义。我们存在的时候，死亡不存在，当死亡到来时我们就不存在了。（伊壁鸠鲁《致梅瑙凯的信》）

我可能拥有死亡的经验吗？死亡是痛苦还是解脱？是时间的终结还是永恒的开始？死亡是回归生存的原状吗？

推荐参考

- 书籍：《斐多篇》，柏拉图；《致梅瑙凯的信》，伊壁鸠鲁；《幸福的死亡》，加缪
- 电影：《萤火虫之墓》，高畑勋；《真爱永恒》，艾洛诺夫斯基；《从今以后》，伊斯特伍德
- 剧集：《六英尺下》，艾伦·鲍尔
- 动漫：《莫斯》，阿特·斯皮格尔曼

社会

对社会的需要，来自人们生活的空虚和单调，这使人聚集在一起。但是各自的处事不合群加上各自可厌的缺点又使他们分散开来。

——叔本华《附录与补遗》

问题

社会是什么？什么是在社会中生活？人是不是生来就应该在社会中生活？

反义

◎ **个体**：每个人都有各自的性格特点，各自的外形，各自的个性，等等。

例子：叔本华认为，人类就像豪猪，冬天寻找自己的同类，以求保暖，避免独居，但并不靠近，避免被同类刺伤。

区别于

◎ **家庭**：个体的组合，有血缘关系，或者合约关系。
例子：人类必须群居，因为"幼小的人"的生存必须受到长辈的照顾。

◎ **国家**：政治机构，具有最高权力，组织社会生活。
例子：在法国，国家总统是国家最高权力的象征，也称其为国家首脑。

词源

拉丁语 societas / socius，意思是陪伴者，合伙人。

主要定义

社会是一个由个体组成的群体，他们之间互相依靠，由共同的规则制约。这个群体的成员因历史、文化和共同的语言等原因联系在一起。

名句及思考

人本性是政治动物，而无法在社会生存的人不是野蛮人就是神。（亚里士多德《政治》）

人能否活在社会之外？人是不是天生就是有社会性的？社会关系是自然的还是文化的？

形成城邦的原因，就是每个个体难以自给自足，而他却有多种需要。（柏拉图《理想国》）

社会生活给人带来了什么？社会是否能让人更好地生活？人是否需要别人？同一社会的成员之间的交流有何用处？

人有一种无法社交的社会性，就是说他们想进入社会，然而又在某种程度上抵制社会，分裂社会。（康德）

为什么在社会中生活很难？社会对人是不是约束？社会是否决定了我们？社会是否允许我们自由？

推荐参考

- **书籍：**《理想国》，柏拉图；《政治学》，亚里士多德；《礼物》，马塞尔·莫斯；《1984》，乔治·奥威尔；《亲属关系的基本结构》，克洛德·列维·施特劳斯
- **电影：**《荒野生存》，西恩·潘；《浪潮》，丹尼斯·甘塞尔；《饥饿游戏》，盖瑞·罗斯
- **剧集：**《迷失》，艾布拉姆斯
- **动漫：**《试验》，尼古拉·德本

时间

> 时间是什么？如果没人问我的时候，我知道；如果我想向问我的人解释的时候，我就不知道了。
>
> ——奥古斯丁《忏悔录》

问题

时间是什么？时间由什么组成？时间总是在流逝吗？时间对我们有什么影响？

不同于

◎ 空间：范围可能比较大，三种维度，在其内可以移动。
例子：人类历史中，人在空间内移动的能力取得极大的进步。通过各种独特的手段，人能够在陆地、海洋、天空及太空旅行。

区别于

◎ 时限：个体所感知的时间长度。这个时间是主观的，对每个人来说并不一样。

例子：在牙医候诊室等候一小时，比跟朋友一起玩一小时似乎长得多。

◎ **永恒：** 时间之外的情况，无始无终；无法测量的。

例子：时间之外什么都没有，只有永恒与虚无。（让·端木松）

词源

拉丁语的tempus。

主要定义

时间是非物质的，人可以测量但不可能抓住。时间像是一条线，现在处在过去和未来之间，或者说像一个轮子在不停地转动。

名句及思考

宇宙的唯一不变法则就是，一切都在变，一切无常。（乔达摩·悉达多）

时间会变吗？我们能够永远不变吗？时间会摧毁一切吗？时间是朋友还是敌人？

时间的本性就是让陌生的东西出现，而让熟悉的东西消失。（让·端木松《那时很好》）

我们为什么怀念过去？我们为什么期待未来？过去和未来存在

吗？我们能否说时间是我们的主人？

对未来真正的慷慨是把一切给予现在。（加缪《反抗者》）

我们能否活在当下？为什么这很难？为什么为未来打算会改变现在？我是否可以预计未来，为未来做准备？

推荐参考

◎ 书籍：《蒂迈欧篇》，柏拉图；《瞬间直觉》，巴什拉；《物理学的进化》，爱因斯坦；《火星时间穿越》，菲利普·迪克
◎ 电影：《时间的主人》，阿内·拉鲁；《回到未来》，泽米吉斯；《蝴蝶效应》，埃里克·布雷斯；《本杰明·巴顿奇事》，大卫·芬奇；《无姓之人》，雅克·范·多梅尔；《前目的地》，迈克尔·斯派瑞/彼得·斯派瑞
◎ 动漫：《欧高泰的王冠》，范哈姆

工作

自由的工作既有力量的功效也是力量的来源。当然，决不是被动忍受，而是主动行动。

——阿兰·德波顿

问题

工作是什么？人为什么工作？工作是必要的吗？从不工作能否幸福？

反义

◎ **休闲**：空闲时间，正常活动之外的空余，可以让我们娱乐、思考、冥想等。

例子：打球、玩游戏、看书、画画、聊天等。

◎ **闲**：无事可做。

例子：我转来转去，不知道该做什么，烦闷。

区别于

◎ **一件作品：**艺术家的创作，有开始，即创意，然后有结果，即产品。

例子：米开朗琪罗把一块大理石雕刻成了大卫雕像。

◎ **一项技术：**某一领域、某一行业使用的一套实用工艺或方法技艺。

例子：穿刺麻醉是一项医用麻醉技术，用于产妇分娩的情况。

词源

拉丁语的tripalium，指某种酷刑的刑具。

主要定义

工作是需要努力的一种活动，目的是加工自然物品，制作或创造新物品，或从大自然的事物中创造出新思想。人类多数是为了获得生存必需品而工作的。

名句及思考

工作首先是发生在人和大自然之间的行为。同时，人作用在大自然的外界事物上，也改变这一事物，并且开发出自身的一些潜在能力。（卡尔·马克思《资本论》）

工作对人有好处吗？工作会使人脱离本性吗？工作怎么能让人反思自身？

然而，工作尽管是通往幸福的途径，却并不为人所喜爱。（弗洛伊德《文明及其缺憾》）

工作让人幸福还是不幸？工作是痛苦的还是有趣的？工作有什么好处？工作的人是不是会在谋生的过程中失去生命？

选择一个你喜欢的工作，则终生不必工作。（克莱顿·克里斯坦森《你要如何衡量你的人生》）

不爱自己的工作正常吗？选择工作是否容易？爱自己的工作是工作吗？

推荐参考

◎ **书籍**：《资本论》，卡尔·马克思
◎ **电影**：《摩登时代》，卓别林；《国王与小鸟》，保罗·格里莫尔
◎ **剧集**：《刑具》，安塔莱斯·巴西斯
◎ **动漫**：《图阿莫图岛的一季》，弗拉奥

真理

信仰真理的开始是对一直笃信无疑的真理怀疑。

——尼采《人性的，太人性的》

问题

真理是明显的吗？真理与事实有何关系？存在一个真理还是多个真理？

不同于

◎ **观点**：一种思考问题的方法，个人的判断，不一定正确。

例子："鲨鱼是吃人的动物"，这是一种错误的观点，因为在五百多种鲨鱼中，只有十几种较为危险。

区别于

◎ **谬误**：即搞错的事物，是无意的错误，没有故意改变真理的意图。

例子：12月25日不是耶稣的诞辰。这是古罗马帝国纪念索尔无敌者的节日。我们不了解这是一个历史谬误，而把传统延续下来。

◎ **谎言**：某个人了解事实，但有意改写事实来蒙蔽他人。在道德上和法律上都可能是一个错误。

例子：游戏时作弊就是故意掩盖真相。

◎ **幻觉**：由人类欲望产生的信仰，使人迷失自我，无法了解客观事实。

例子：以为网络上的朋友就是真朋友。

词源

拉丁语的 veritas。

主要定义

真理本身是抽象的，是符合事实的某种判断，是思想、词语和现实之间的关联。然而这种关联不一定正确，可能会出现感知谬误（放在水中的木棍似乎断了）或者出现理解谬误（流泪可能出自悲伤，也可能出自喜悦）。

名句及思考

人是万物的尺度。（普罗泰戈拉）

能不能说"人人有其真理"？对一个人来说正确的东西难道不应该对所有人来说都是正确的？怀疑为什么很重要？能否对自己撒谎？

真理遥不可及。(帕斯卡尔《思想录》)

可能得到真理吗？说理可以让我们得到真理吗？为什么说论据和证据是必要的？

凡是思考的人开始总是搞错我们认为是真理的东西全都是在谬误的基础上改正而来的。(阿兰《精神的警戒》)

为什么说人都会有谬误？表象总是迷惑人的吗？为什么对事实的解释会使我们犯错误？

推荐参考

- 书籍：《泰阿泰德》，柏拉图；《纯粹理性批判》，康德；《是这样，如果你们以为如此》；皮兰德娄；《1984》，奥威尔
- 电影：《楚门的世界》，彼得·威尔；《大鱼》，蒂姆·波顿；《白丝带》，迈克尔·哈内克
- 剧集：《别对我撒谎》，塞缪尔·波姆
- 动漫：《星星的孩子》，范哈姆

暴力

暴力是软弱的力。

——弗拉基米尔·扬科列维奇《纯与不纯》

问题

暴力是什么？暴力是否只是身体上的？暴力是否总是坏的？暴力是不是一种软弱的表现？如何对付暴力？

反义

◎ **尊重**：对一个人、一种规则，和一项有效法则的尊敬、看重，因而会遵守法则，不伤害别人
  例子：在火车上打电话会打扰别人，所以我不在火车上打电话。

◎ **非暴力**：一种行动方式，以不用暴力的方式来对付暴力。
  例子：捍卫某种事业的战斗不一定是暴力的，可以以对话的方式或选举的方式进行。

词源

来源于拉丁语violentia，即滥用强力，以及violare，即强迫，逆使。

主要词义

暴力是各种强烈的、恶意的、过度的、不合适的力量表达，对他人和自身产生影响。

名句及思考

人对人来说是狼。（霍布斯《利维坦》）

人的本性是暴力的吗？人与人之间的冲突是自然的还是文化的？这种冲突可能有益吗？

现代国家要求将合法的暴力权收归于国家之垄断下，已经成为事实。这种垄断即唯一的暴力权利。（马克斯·韦伯《学者与政治》）

谁有权使用暴力？社会是否保护我们不受他人暴力侵害？社会是否参与了暴力的产生？

暴力总是看上去像一种反暴力行为，即对别人暴力的一种反击。（让-保罗·萨特《辩证理性批判》）

我们对别人的暴力有没有责任？以暴力来回应暴力是正当的吗？可以超越暴力吗？

推荐参考

◎ **书籍:**《利维坦》,霍布斯;《朱斯蒂娜或美德的不幸》,萨德;《弗兰肯斯坦》,玛丽·雪莱;《暴力与神圣》,勒内·吉拉尔

◎ **电影:**《甘地传》,理查德·阿滕伯勒;《发条橙》,库布里克;《美国X档案》,托尼·凯耶;《大象》,格斯·范·桑特;《墙壁之间》,劳伦·冈泰;《玛丽和马克思》,亚当·艾略特;《只有上帝原谅》,尼古拉·文丁·勒芬

◎ **剧集:**《罗马》,约翰·米吕斯

◎ **动漫:**《慕莱娜》,杜弗/德拉比

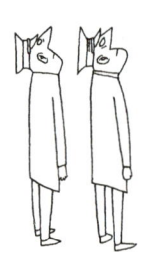

尾 声

有了这些注意力训练和哲学班的经验之后,我感到这对我们实现改善教育水平的目标是非常重要的。冥想能够让孩子们把自己的情绪收敛起来,放下,从而控制情绪,集中注意力。哲学讨论班给他们训练语言能力的机会,给他们一些思考的线索,让他们认真地组织自己的论述,但也可以显示幽默感!他们学着清醒地思考,有理有据地判断,不轻易下结论。我们要求他们灵活地提问,提倡交流。与孩子们谈哲学是一个长期的工作,应该定期进行,要谦虚,要执着。但几个月就能观察到成效!

因此我很快就想到这个问题:如何能把这种经验推广开,让各个学校都可以办哲学班呢?在我准备、组织哲学班和整理资料的过程中,有人听说了我的计划与我联系,给我介绍他们的同类尝试。我意识到不少法语国家和英语国家都有很多类似的实践,值得我们了解、支持和进一步开展。于是,我便有了组建基金会的点子,设在法兰西基金会旗下,目的是:把各处的尝试举措通过一个网站来集中管理,加强知名度;对有些缺少资金的项目予以资金支持;统计各地哲学班和注意力训练班的辅导人员,便于有需要的学校与他们取得联系；开办培训班，培养此类冥想训练及哲学班的辅导主持人员。

当我与法兰西基金会负责人见面的时候，经他们介绍，认识了玛蒂娜·鲁塞尔-亚当女士，她对推广此类教育的活动非常热心。她在创立多个企业之后，建立了"童年之路"协会，十年来一直为残弱儿童设置特殊教育项目。她也是阿绍卡（Ashoka）基金会的主席，在互助经济产业非常活跃。

我们结识后，共同组建了SEVE（学会共处，学会同行）基金会，基金会设立的初衷是，我们认识到现今重视知识积累的传统教育方式使得众多孩子难以适应当今社会面临的挑战，希望为改进教育成果献出微薄力量。让孩子从童年期开始就学习自行思考，控制自己的情绪，开发他们的创造力，教他们理解他人，与不同文化的人合作，把他们培养成有信心、有积极性、有责任心的公民，这对我们来说意义重大。SEVE基金会的宗旨就是支持、推广并协助各类项目，以利于青少年健康成长，帮助他们学会共处，学会同行。正如哲学家蒙田所说："健康的头脑胜过被填满的头脑。"

通过网站（www.fondationseve.org），我们建立了教育辅导人员网络，以在学校中开展哲学思考活动和冥想练习的方式来推广"学会共处，学会同行"的教育。我邀请愿意加入的同行和各类协会与我们联系（fondationseve@gmail.com）。基金会在一定范围内可以资助一些民间协会，并计划颁发奖项，来奖励可以促进儿童意识生成，提高其生存能力以及与他人共处能力的各类尝试。玛蒂娜和我都服务于法兰西基金会，他们管理我们基金会的资金，并将我们个人收入的一部分用作SEVE基金，我们也欢迎任何个人或企业慷慨支持。各种需要的确是非常急迫的。

SEVE基金会的一大目标就是出资组织辅导人员培训班，从而开办更多的冥想练习和哲学讨论班。这项培训为期一年，完全免费，旨在培养能够主持哲学班和冥想练习的人员。以此方式，辅导人员既可以在师范院校，也可以在教育部组织的教师短训班中，与教师展开交流，传播经验。

我与我的朋友——教育部哲学总监阿布德努尔·比达尔先生就这些计划进行了讨论，并邀请他来观摩一个哲学班。他也认为在小学开展哲学讨论非常必要，而且可以在德育和公民教育课上进行。他还带我拜见了教育部长，部长本人也对此很感兴趣。SEVE基金会将与教育部密切合作，同时也愿意与各私立学校进行合作。

我和十几名多年进行冥想训练并主持哲学班的同行以及一些儿童心理学专家，于2016年9月在罗纳河-阿尔卑斯地区开办了一期培训班，有五十多名学员参加。在法国其他地区也有一些培训班开始运行。如果您有兴趣参加培训或以教员身份参加，都请在SEVE网站上报名。我们的招生活动将在法国、比利时、瑞士和加拿大的魁北克等地进行。

瓦茨拉夫·哈维尔曾说，面对科技革命，面对全球化带来的各种变化（有些变化带来悲惨的后果），必须有一场人类意识的革命。教育能够启蒙、唤醒儿童的意识，应该开发他们的情感智力，教会他们具有批判精神，使他们长大以后懂得与他人共处和同行。我们的任务十分紧迫！

图书在版编目（CIP）数据

和孩子一起哲思 /（法）弗雷德里克·勒诺瓦 著；张香筠译. — 石家庄：河北教育出版社，2024.6
ISBN 978-7-5545-7751-6

Ⅰ.和… Ⅱ.①弗… ②张… Ⅲ.①哲学 – 少儿读物 Ⅳ.① B-49

中国国家版本馆 CIP 数据核字 (2024) 第 074300 号

冀图登字：03 - 2023 - 198

Originally published in France as :
Philosopher et méditer avec les enfants by Frédéric Lenoir
© Editions Albin Michel, Paris 2016
Current Chinese translation rights arranged through Divas International, Paris

书　名	和孩子一起哲思
作　者	〔法〕弗雷德里克·勒诺瓦
译　者	张香筠

出 版 人	董素山
责任编辑	赵　磊
营销推广	李　晨
出　版	河北出版传媒集团
	河北教育出版社　http://www.hbep.com
	（石家庄市联盟路 705 号，050061）
印　制	石家庄市西里印刷厂
开　本	787mm×1092mm　1/16
印　张	13
字　数	130 千字
版　次	2024 年 6 月第 1 版
印　次	2024 年 6 月第 1 次印刷
书　号	ISBN 978-7-5545-7751-6
定　价	58.00 元

图书策划：活字文化

版权所有，侵权必究